THOMAS BRAUN

Die Rolle des Federal District Court Judge im Verhältnis zu den Parteien

Schriften zum Internationalen Recht

Band 35

Die Rolle des Federal District Court Judge im Verhältnis zu den Parteien

Dargestellt anhand exemplarisch ausgewählter Befugnisse

Von

Dr. Thomas Braun

DUNCKER & HUMBLOT / BERLIN

CIP-Kurztitelaufnahme der Deutschen Bibliothek

Braun, Thomas:
Die Rolle des Federal District Court Judge im Verhältnis zu den Parteien: dargest. anhand exemplar. ausgew. Befugnisse / von Thomas Braun. — Berlin: Duncker und Humblot, 1986.
(Schriften zum Internationalen Recht; Bd. 35)
ISBN 3-428-05974-3

NE: GT

Gedruckt 1986 bei Buchdruckerei A. Sayffaerth - E. L. Krohn, Berlin 61
Printed in Germany
ISBN 3-428-05974-3

Inhaltsverzeichnis

1. Abschnitt

Einführung

2. Abschnitt

Das Verfahren bis zur Hauptverhandlung

3. Abschnitt

Die Hauptverhandlung

Abkürzungsverzeichnis

ABA	= American Bar Association
ABAJ	= American Bar Association Journal
Abschn.	= Abschnitt
aff.	= affirmed
amend.	= amendment
Anh.	= Anhang
Art.	= Article
Cal.L.Rev.	= California Law Review
ch.	= chapter
Col.L.Rev.	= Columbia Law Review
Const.	= Constitution
den.	= denied
ed.	= edition
F.	= Federal (Entscheidungen der Courts of Appeals)
F.2d	= Federal second (Entscheidungen der Courts of Appeals, 2. Folge)
f.	= folgende
Fed.R.Evid.	= Federal Rules of Evidence
Fed.R.Civ.P.	= Federal Rules of Civil Procedure
ff.	= folgende
Fn.	= Fußnote
F.R.D.	= Federal Rules Decisions
F.Supp.	= Federal Supplement
Ga.L.Rev.	= Georgia Law Review
Harv.L.Rev.	= Harvard Law Review
K.B.	= King's Bench (Abteilung des englischen High Court)
L.Ed.	= Lawyers Edition
L.J.	= Law Journal
L.Rev.	= Law Review
Mich.L.Rev.	= Michigan Law Review
m.w.N.	= mit weiteren Nachweisen
N.D.Cal.R.	= Northern District of California Rule
N.Y.Sch.D.No.	= New York School District Number
N.Y.U.L.Rev.	= New York University Law Review
pts.	= parts
Q.B.	= Queen's Bench (Abteilung des englischen High Court)
S.	= Seite
S.Ct.	= Supreme Court
sec.	= section
Stan.L.Rev.	= Stanford Law Review

Stat.	= Statutes
u. a.	= unter anderem
u. ä.	= und ähnliches
U.Chi.L.Rev.	= University of Chicago Law Review
U.Pa.L.Rev.	= University of Pennsylvania Law Review
US	= United States
U.S.	= United States Supreme Court Decisions
U.S.C.	= United States Code
v.	= versus
Virg.L.Rev.	= Virginia Law Review
vs.	= versus
z. B.	= zum Beispiel
ZPO	= Zivilprozeßordnung

1. Abschnitt

Einführung

1. Einleitende Überlegungen zur Problemstellung

„Die Zivilrechtspflege spielt im Leben und in der Kultur einer zivilisierten Gesellschaft eine Rolle von entscheidender Bedeutung. ... Sie bildet das Zentrum des Rechts, und die Qualität eines Rechtswesens, Prüfstein einer gesitteten Gesellschaft, hängt erheblich von den Vorkehrungen ab, die für seine Pflege getroffen werden."[1]

Es soll und kann nicht Ziel dieser Arbeit sein, die Qualität eines fremden Rechtssystems zu überprüfen, sondern darzustellen, wie ein Staat mit völlig anderer Rechtstradition verfährt, um „justice between man and man"[2] zu gewährleisten. Ein ganzes Rechtssystem umfassend in der nötigen Tiefe zu behandeln, birgt die Gefahr der Uferlosigkeit in sich. Ich beschränke mich deswegen auf die Untersuchung eines wesentlichen Elements im Zivilprozeß der amerikanischen Bundesgerichte.

In den USA bestehen zwei Gerichtssysteme nebeneinander: Die von jedem Gliedstaat geschaffenen Gerichte (State Courts) und die vom Bund errichteten Federal Courts.[3] Die vor den Bundesgerichten geltende Zivilverfahrensordnung (Federal Rules of Civil Procedure) wirkt sich stark auf die einzelnen (Teil-)Staaten aus; etwa die Hälfte verwenden ein mit dem Bundesverfahren weitgehend inhaltsgleiches Verfahrensrecht, einige weitere werden erheblich vom Bund beeinflußt.[4]

Ein Einheitsverfahren besteht dennoch (derzeit[5]) nicht. Es gibt kleine, wenn auch hin und wieder wesentliche Unterschiede in den verschiedenen Verfahren. Verstärkt werden diese noch durch die in den einzelnen Staaten herrschenden — von Staat zu Staat wieder höchst unterschied-

---

[1] Übertragen von Jacob, Civil Procedure since 1800, S. 159.

[2] Nach Lord Brougham, zitiert aus Jacob, Civil Procedure.

[3] Hierzu ein Überblick bei James & Hazard, Civil Procedure, § 1.11 ff. (S. 32 ff.); im einzelnen noch ausgeführt unter 1. Abschn. 3.1.

[4] James & Hazard, Civil Procedure, § 1.7 (S. 22); Mermin, Law and the Legal System, S. 147.

[5] R. W. Millar, Civil Procedure of the Trial Court, S. 62, „they furnish a source for further state development, and may be regarded as establishing what will ultimately become the general type of American civil procedure."

lichen — Methoden, die Richter für ihr Amt auszuwählen. Das Trennende ist insgesamt gesehen jedoch sehr viel geringer als das Gemeinsame. Es liegt daher nahe, sich exemplarisch mit den Verfahrensregeln der Bundesgerichte zu beschäftigen. Herausgreifen und umfassend erörtern möchte ich einen Verfahrensaspekt, der auch das System als ganzes beleuchten kann: Die Rolle des Richters, dargestellt und überprüft an den ihm eingeräumten Befugnissen

— die dem Prozeß zugrundeliegenden Tatsachen aufzuklären,

— auf die Prozeßführung der Parteien durch Hinweise auf rechtlich oder tatsächlich Erhebliches einzuwirken,

— während des Verfahrens Vergleichsgespräche anzuregen oder selbst mit den Parteien zu führen.

Oder in der anglo-amerikanischen Terminologie: Active judge or umpire, welche Rolle kommt dem Richter im Zivilverfahren zu?

In der amerikanischen Rechtswelt sind Vorstellungen weit verbreitet, wonach zwischen dem in den USA herrschenden Verfahren, dem sogenannten (anglo-amerikanischen) ‚adversary system' einerseits, und dem festlands-europäischen ‚continental system' andererseits, in Bewußtsein und Auffassung Welten liegen. Ein Zitat von Wigmore ist bezeichnend: „Our system stands in *emphatic contrast* to the Continental system. Nothing is more enlightning than the history of the rise and development of the *inquisitorial* system, which *now dominates* on the Continent."[6] Hie ‚inquisitorial system', da der sich frei entfaltende Rechtsstreit der Parteien. Als wesentliche Merkmale des adversary-Verfahrens sieht die klassische Auffassung

— die Herrschaft der Parteien über das Verfahren und

— damit korrespondierend eine passive Rolle des Richters, der lediglich als Schiedsrichter in einem Zweikampf fungiert und der von sich aus, ohne von den Parteien dazu aufgerufen zu sein, keine verfahrenslenkenden Maßnahmen ergreift.[7]

---

[6] Wigmore, Evidence, § 8c; 1940 so formuliert, hat sich diese Ansicht bis heute in vielen Veröffentlichungen gehalten, z. B. bei James & Hazard, Civil Procedure, § 1.2 (S. 4); Karlen, Civil Litigation, I 1 (S. 3); Markus, A Theory of Trial Advocacy, 56 Tulane L.Rev. 95 ff. (1981); deutlich macht dies auch Frankel, The Search for Truth, An Umpireal View, 123 U.Pa.L.Rev. 1031, 1053 (1975): „It is not common knowledge among us that purely inquisitorial systems exist scarcely anywhere, that elements of our adversary approach exist probably everywhere ..."

[7] James & Hazard, Civil Procedure, § 1.2 (S. 4 ff.); Farnsworth, An Introduction to the Legal System of the United States, S. 97; Thibaut / Walker / La Four / Houlken, Procedural Justice as Fairness, 26 Stanford L.Rev. 1271 ff. (1974); Taruffo, Processo Civile ‚Adversary', S. 123.

Das adversary system wird als das rechtliche Gegenstück zum wirtschaftlichen ‚free enterprise' bezeichnet.[8]

Anglo-amerikanische Juristen sind stolz darauf, nicht an abstrakten, in sich logisch schlüssigen Konzepten zu ‚kleben', sondern pragmatisch nach praxisorientierten, flexiblen Lösungen zu suchen.[9] Es ist deswegen angebracht, die traditionelle Konzeption von der Rolle des Richters sowohl mit den heute geltenden Rechtsregeln wie mit der Rechtswirklichkeit zu vergleichen.

Bei einer Untersuchung über Mängel und Verbesserungsmöglichkeiten des englischen Zivilprozesses hatte die ‚British Section of the International Commission of Jurists' einen Vergleich mit den Verfahren anderer Staaten angestellt und dabei im Hinblick auf die USA bemerkt: „Durch das Einschreiten eines aktiven Gerichts in einem ziemlich frühen Stadium (des Verfahrens) erreichen die USA eine relativ strenge Kontrolle über die Parteien."[10] Auch in den Vereinigten Staaten selbst zeichnen manche Wissenschaftler und Praktiker ein nicht dem klassischen Konzept des Zivilrichters entsprechendes Bild. So weist Professor Chayes darauf hin, daß die traditionelle Konzeption überzogen sei, die Rechtswirklichkeit habe ihr nie völlig entsprochen. Eine wesentliche Rolle habe das klassische Konzept des Streitverfahrens hingegen für das (Selbst-)Verständnis der amerikanischen Juristen und die Analyse des Rechtssystems gespielt.[11] Während der abschließenden Diskussion beim Kongreß über ‚The Fundamental Guarantees of the Parties in Civil Litigation' in Florenz (1971) äußerte der amerikanische Professor Smit: „Anders als die Richter in den Gliedstaaten üben die Bundesrichter in erheblichem Ausmaß die Herrschaft über das Verfahren aus; innerhalb gewisser Grenzen können sie von sich aus die Initiative ergreifen, um die Parteien anzuleiten und den Fall zu einem guten Abschluß zu bringen."[12] Aus den Reihen der Richterschaft mag schließlich folgender Auszug aus einem Urteil des 4. Court of Appeals eine beachtenswerte Rollenbeschreibung geben: „Wir beginnen unsere Rechtsausführungen mit der einleitenden Bemerkung, daß ein United States District Judge keine taube Nuß ist. Er ist auch kein Schiedsrichter bei einem Preiskampf. Er ist vielmehr der Leiter und Lenker des Streitverfahrens mit der Befugnis des common law-Richters, Gerechtigkeit zu stiften."[13] Wie es sich im

[8] Frankel, From Private Fights towards Public Justice, 51 N.Y.U.L.Rev. 516 (1976).

[9] Jacob, Access to Justice in England, S. 420.

[10] A Justice Report, Going to Law, § 101 (S. 28).

[11] Chayes, The Role of the Judge in Public Law Litigation, 89 Harv.L.Rev. 1281, 1283 (1976).

[12] Cappelletti / Tallon, Fundamental Guarantees of the Parties in Civil Litigation, S. 807.

einzelnen nun wirklich mit den Befugnissen des Richters verhält, wird im folgenden zu untersuchen sein.

2. Grundzüge der Geschichte der Federal Courts und des von ihnen angewandten Verfahrensrechts

In Art. III der US-Constitution — 1787 dem Congress vorgelegt, im Juli 1788 von 2/3 der Staaten gebilligt und in Kraft getreten — ist für die Existenz und den Aufbau von Bundesgerichten folgendes festgelegt: „Die richterliche Gewalt der Vereinigten Staaten soll auf ein höchstes Gericht und solche Untergerichte, die der Congress von Zeit zu Zeit bestimmen und errichten *kann*, übertragen werden" (Sec. 1).[14] Im Jahr 1789 wurden aufgrund dieser ‚Kann-Bestimmung' vom Congress durch den ‚First Judiciary Act' untere Bundesgerichte errichtet. Sie traten neben die schon bestehenden Gerichte der einzelnen Staaten, zuständig für die in Sec. 2 des Art. 3 Const. aufgeführten Bereiche, so u. a. für Verfassung- und Bundesrecht wie Rechtsstreitigkeiten zwischen Bürgern aus verschiedenen (Glied-)Staaten.

Bevor ich mich der geschichtlichen Entwicklung des Bundesverfahrens zuwende, werde ich kurz die Entstehung der Kolonien und ihres Rechtslebens darstellen, da sowohl die Begründung wie die Gestaltung der Bundesgerichte wesentlich dadurch beeinflußt wurden.

Die europäische Besiedlung der heutigen USA war nicht von einem einheitlichen Willen und Streben Gleichgesinnter geprägt, sondern verlief in recht unterschiedlichen Bahnen. Die erste Siedlung, Jamestown in Virginia, wurde von einer Handelsgesellschaft im Jahr 1607 gegründet und 1624 zur Kronkolonie erhoben. Im Norden folgten die Neuenglandkolonien, beginnend mit Plymouth im Jahr 1620, sie hatten den Status von ‚Chartered Colonies' (Freibriefkolonien). Des weiteren entstanden Kolonien, die von Einzelpersönlichkeiten oder Interessengruppen gegründet wurden, wie Maryland, Pennsylvania, Georgia usw., die sogenannten ‚Proprietor Colonies' (Eigentümerkolonien). In den Kolonien finden wir die verschiedensten Religionszugehörigkeiten und Nationalitäten. Ein Blick in die Bevölkerungsstatistik zeigt jedoch, daß 1790 9/10 aller Siedler englischer, schottischer oder irischer Herkunft waren mit

---

[13] Evans v. Wright, 505 F.2d 287, 289 (1974), „. . . begin our consideration with the premise that a United States district judge is not a bump on a log. Nor is he a referee at a prize fight. He is, instead, the governor of the trial with the power of the common law judge to implement justice."

[14] Art. III Sec. 1 Const.: „The judicial power of the United States, shall be vasted in one Supreme Court, and in such inferior Courts as the Congress may from time to time ordain and establish . . ."

Englisch als Muttersprache.[15] Das heißt, die Kolonien insgesamt waren nicht nur in ihrem politischen, sondern auch in ihrem gesellschaftlichen Leben stark vom Vereinigten Königreich geprägt. Die kulturellen Unterschiede der einzelnen Siedlergruppen nichtbritischer Herkunft machten sich vornehmilch auf der örtlichen Ebene bemerkbar.

Die Entwicklung der Rechtssysteme in den Kolonien wurde nicht einheitlich vom Mutterland geregelt. Im allgemeinen sahen die ,charters' und ,ordinances', die die Rechtsgrundlage für die Gründung der Kolonien darstellten, vor, daß das englische Recht wie auch die englischen Rechtsinstitutionen übernommen bzw. auf die Verhältnisse der Kolonien übertragen werden sollten. Für Virginia galt z. B., daß die Siedler ,common law' und ,equity' so nahe wie möglich zu befolgen hatten.

Die Rechtswirklichkeit sah wohl anders aus. In den Kolonien herrschten in den Gründungsjahrzehnten sehr ursprüngliche Zustände, es waren nicht gerade Rechtskundige, die zu den ersten Siedlern gehörten.[16] Es fehlte aber nicht nur an Rechtskundigen, sondern auch an Rechtssammlungen und Abhandlungen, darüber hinaus waren die Probleme, mit denen sich die Kolonien befassen mußten, andere als die des Mutterlandes.[17] Die Rechtsprechung läßt sich daher eher als eine Mischung aus Volksrecht, Bibelrecht und englischem Rechtsdenken charakterisieren. Auch das komplizierte englische Verfahrensrecht wurde auf koloniale Bedürfnisse zurechtgestutzt. Vieles wurde vereinfacht, so hatte man in einigen Gerichten weitgehend auf eine schriftliche Prozeßführung zugunsten von mündlichen Vorträgen verzichtet. So sehr sich auch die Rechtspraxis vom Mutterland unterschied, so hatte dieses doch eine allgemine Vorbildfunktion. Die Jury als Entscheidungsorgan über Tatsachen in common law-Fällen wurde übernommen. Daneben blieb die Vorstellung von law und equity als zwei selbständig nebeneinander stehenden Gebieten des Zivilrechts lebendig.

Mit dem Anbruch des 18. Jahrhunderts ,verfeinerte' sich das koloniale Rechtsleben. Juristen aus England wanderten ein, Bürger der Kolonien gingen nach England, um die Rechte zu studieren oder als Gehilfen in Anwaltskanzleien zu arbeiten. Blackstone's ,Commentaries on the Law of England' fanden in Amerika viel Beachtung.[18] Das Rechtswesen des Mutterlandes wurde verstärkt beobachtet und studiert. Die Erkenntnisse daraus flossen in größerem Maß in das Rechtsleben der Kolonien ein. Die Unabhängigkeitsbewegung führte zwar zu einer kritischen Aus-

---

[15] Aumann, The Changing American Legal System, S. 3, Fn. 3.

[16] Ebd., S. 19.

[17] Ebd., S. 6.

[18] Farnsworth, An Introduction to the Legal System of the United States, S. 9.

einandersetzung mit dem vom Vereinigten Königreich geprägten kolonialen Rechtswesen, das aber so stark zu einem eigenständigen System geworden war, daß eine Abschaffung nicht in Frage kam.

Nachdem sich die Kolonien schließlich als die unabhängigen Vereinigten Staaten von Amerika konstituiert hatten, bestand in jeder der ehemaligen Kolonien ein unabhängiges Staatsgerichtswesen. Daneben trat nun die Verfassungsbestimmung, wonach auch die Föderation selbst, der die Gliedstaaten umschließende Bund, ein eigenes, unabhängiges Gerichtssystem zu errichten ermächtigt wurde.

Wie oben schon angesprochen, wurden die unteren Bundesgerichte schon ein Jahr nach Inkrafttreten der Verfassung geschaffen.[19] Einrichtung und Verfahren folgten den kolonial modifizierten angelsächsischen Rechtsvorstellungen. Sec. 17 des Judiciary Act of 1789 sah vor, daß die Gerichte eigene Regeln für einen ordentlichen Verfahrensablauf aufstellen sollten, beschränkt freilich durch einige im Judiciary Act niedergelegte, wesentliche Grundsätze.[20] Ergänzend wurde noch 1789 der erste ‚Process Act‘ vom Congress verabschiedet. Auch hier wurden nur die Grundsätze festgelegt, während man die Einzelregelungen den Gerichten überließ. Dieses als vorläufig angesehene Gesetz wurde 1792 und 1793 revidiert.

Nach dem ‚Act of 1789‘ wurden die ‚equity procedures‘ den Regeln des ‚civil law‘ unterstellt.[21] 1792 änderte man dies wieder, fortan waren ‚in chancery‘ die ‚rules of equity‘ als gegensätzlich zu den in den Courts of Law geltenden Regeln verbindlich.[22] Dem Supreme Court wie den Untergerichten wurden anheimgestellt, ausfüllende und ergänzende Regelungen aufzustellen, soweit sie nicht den vorgenannten Gesetzen widersprachen.[23] Erst 1822 erließ der Supreme Court aufgrund dieser Ermächtigung einige Verfahrensregeln für den Bereich der equity. Sie wurden 1842 überarbeitet und ergänzt, waren jedoch immer noch kein geschlossenes Ganzes. Sie dienten vielmehr der Klarstellung, wie das traditionelle chancery-Verfahren in verschiedenen Streitpunkten zu handhaben sei. Eine grundlegnde Revision der ‚equity rules‘ wurde fast 90 Jahre nach dem Erlaß der ersten Regeln vorgenommen, Ergebnis waren die ‚equity rules of 1912‘.[24]

---

[19] Judiciary Act of 1789; wie die anderen aufgeführten historischen ‚Acts‘ enthalten in Bator / Mishkin / Shapiro / Wechsler, The Federal Courts and the Federal System, 2.ed. 1973.

[20] Weinstein, Reform of Court Rule-Making Procedures, S. 55 ff.

[21] Process Act of Sept. 29, 1789, ch. 21 § 2, 1 Stat. 93.

[22] Act of May 8, 1792, ch. 36 § 2, 1 Stat. 275.

[23] Vgl. Fn. 22.

[24] Abgedruckt in Band 226 U.S. (1912) am Ende.

Für ‚actions at law' war die Sache komplizierter. Nach den Process Acts von 1789, 1792, 1828[25] richtete sich das common law-Verfahren nach dem jeweiligen Staat, in dem das Bundesgericht belegen war. Es handelte sich dabei nicht um dynamische, sondern um statische Verweisungen. Die in den alten Staaten belegenen Bundesgerichte mußten jeweils das dort 1789 herrschende Verfahren fürderhin anwenden. Für die in den hinzugekommenen Staaten belegenen richtete sich die ‚procedure' nach dem im ‚Process Act of 1828' bestimmten Zeitpunkt. Danach in den einzelnen Staaten eingetretene Veränderungen blieben unberücksichtigt. Durch diese Regelung kam es zu der kuriosen Erscheinung, daß in den Federal District Courts ein Verfahren praktiziert wurde, das im Laufe der Jahre in den einzelnen Staaten selbst längst revidiert und verändert worden war.[26] Zwar war in den Process Acts dem Supreme Court wie auch den District Courts die Befugnis eingeräumt worden, eigene Regelungen treffen zu können, dies wurde jedoch selbst nach mehrmaligen Bestätigungen der ‚rule making power' — letztmalig durch den ‚Judiciary Act of 1842'[27] — von den Gerichten kaum wahrgenommen. Dieser unbefriedigend Zustand wurde erst 1872 durch den ‚Conformity Act'[28] beendet. An Stelle der statischen Verweisung trat die Regel, das Verfahren des jeweiligen Staates, wie es für einen entsprechenden Fall zur entsprechenden Zeit galt, *so nahe wie möglich* zu befolgen. Das Recht, selbst Verfahrensregeln aufzustellen, wurde den Gerichten entzogen. Die Gerichte nutzten jedoch die Bestimmung, dem Verfahren des jeweiligen Landes ‚as near as may be' zu folgen, dazu, eigene Verfahrensregeln durchzusetzen, wo sie es für opportun hielten. So behielten die Bundesrichter z. B. die common law-Praxis, die Jury eigenständig zu instruieren, im Gegensatz zu den meisten Landesverfahren bei.[29]

Während unterschiedliche Verfahrensregeln für law und equity in den Federal Courts noch bis ins erste Drittel des zwanzigsten Jahrhunderts galten, fanden in einigen Bundesstaaten schon zuvor erhebliche Veränderungen statt. 1848 wurde im Staat New York der ‚Code of Procedure' verabschiedet, nach dem entscheidenden Promotor der Reform David Dudley Field auch ‚Field Code' genannt. Dieser sah ein einheitliches Verfahren für alle Zivilrechtsfälle vor, ob law oder equity, und brachte des weiteren erhebliche Vereinfachungen gegenüber den alten, stark von England beeinflußten Verfahrensformen mit sich (so z. B. Abschaffung der verschiedensten Arten der ‚action'). Dem New York Code

25 4 Stat. 278, § 1 Process Act 1828.

26 Siehe dazu Millar, Civil Procedure of the Trial Court, S. 57 ff.; Weinstein, Reform of Court Rule-Making Procedures, II E 4.

27 5 Stat. 516, § 6.

28 Act of June 1, 1872, 17 Stat. 196.

29 Millar, Civil Procedure of the Trial Court, S. 60.

sind eine ganze Reihe weiterer in anderen Bundesstaaten mit ähnlicher Zielsetzung gefolgt.[30]

In der Bundesgerichtsbarkeit kam es zwar, wie oben dargestellt, zu teilweisen Reformen, aber erst 1938 wurden die unterschiedlichen Verfahrensvorschriften durch einheitlich geltende ‚Federal Rules of Civil Procedure' ersetzt. Vorausgegangen waren Reformbestrebungen über drei Jahrzehnte hinweg. Schon 1912 hatte die American Bar Association ein Komitee zu Erarbeitung einer allgemein geltenden ‚procedure' eingesetzt. Nach einigen Rückschlägen für die ‚Reformer' wurde 1934 endlich doch vom Congress ein Gesetz erlassen,[31] das dem Supreme Court das Recht übertrug, „to prescribe by general rules, for the district courts of the US and the District of Columbia, the forms of process, writs, pleadings, and motions and the practice and procedure in civil actions at law." Ebenfalls wurde der Supreme Court ermächtigt, „equity and law zu vereinigen, um eine Form der Zivilklage und eine Verfahrensart für beide zu gewährleisten."[32] Durch ein vom Supreme Court eingesetztes Komitee wurde ein Vorschlag für die Federal Rules of Civil Procedure erarbeitet, wobei man sich zum Teil an den ‚equity rules' aus dem Jahr 1912 orientierte. Im September 1938 traten die vom Supreme Court genehmigten Federal Rules in Kraft.

Auf eine Initiative des Congress hin hat die ‚Judicial Conference' 1960 ein ‚Standing Committee on Rules of Practice and Procedure' eingerichtet. Dessen Änderungs- und Ergänzungsvorschläge werden über die Judicial Conference an den Supreme Court weitergeleitet und führen von Zeit zu Zeit zu Revisionen bei den Federal Rules.

Bis zum Inkrafttreten der Federal Rules of Civil Procedure waren die in den District Courts angewandten Beweisregeln (Federal Rules of Evidence) unklar und verwirrend, Wigmore charakterisiert den Zustand so: „... hopeless status of the Federal Rules of Evidence was only one phase of the larger situation, the confusion that abounded in lower Federal Court procedure in general, ..."[33]. In den Federal Rules of Civil Procedure wurde das Beweisrecht jedoch nur teilweise geregelt, und selbst nach Vorlage eines ‚Model Code of Evidence' durch das ‚American Law Institute' im Jahre 1942 sollte es noch Jahrzehnte bis zur Verwirklichung einer Gesamtregelung dauern. Im Zusammenwirken von Supreme Court und Congress wurden schließlich 1975 die ‚Federal Rules of Evidence' als Gesetz verabschiedet. Damit ging ein langwieriger Streit darüber, ob

---

[30] Eine Aufstellung findet sich bei Millar, Civil Procedure of the Trial Court, S. 60.

[31] Act of June 19, 1934, ch. 651, 48 Stat. 1064; 28 U.S.C. § 2072.

[32] Act of June 19, 1934, ch. 561, 48 Stat. 1064.

[33] Wigmore, Evidence, § 6 b.

der Supreme Court zum Erlaß von Rules of Evidence ermächtigt sei oder ob es eines Gesetzes bedurfte, zu Ende. Die Federal Rules of Civil Procedure in Verbindung mit den Federal Rules of Evidence bilden heute den Rahmen für das Zivilverfahren vor den Bundesgerichten.

3. Aufbau und Verfahren der Bundesgerichte heute

3.1. Gliederung und Zuständigkeit

Die Bundesgerichtsbarkeit hat einen dreigliedrigen Aufbau.

Auf der unteren Ebene gibt es 91 District Courts (1980), in jedem Bundesstaat mindestens einen, in bevölkerungsreichen mehrere (z. B. ist Kalifornien unterteilt in Northern- ⟨12 Richter⟩, Eastern- ⟨6 Richter⟩, Central- ⟨17 Richter⟩ und Southern- ⟨7 Richter⟩ District).[34]

Als Revisionsinstanz ist der Court of Appeals eingerichtet. Die USA sind in 11 ‚circuits' unterteilt, die bis auf den ‚District of Columbia' mehrere Staaten umfassen.[35] Wegen der räumlichen Ausdehnung der circuits tagt der Court of Appeals vor allem im Süden und Westen der USA in mehreren Städten.[36]

Oberstes Gericht ist der United States Supreme Court in Washington D.C., nur ausnahmsweise letzte Instanz in Zivilsachen.

Eingangsgericht für Zivilrechtsfälle ist der District Court. Er ist sachlich zuständig für Rechtsstreitigkeiten[37]

— aus dem Konkurs-, Patent-, Urheberrecht- und Warenzeichenrecht (ausschließliche Zuständigkeit);
— bei denen die Vereinigten Staaten Partei sind (es sind größere Einschränkungen zu beachten)[38];
— in denen der Anspruch „arises under the Constitution, laws, or treaties of the United States" (sog. Federal Question Jurisdiction)[39];
— bei denen die Parteien aus verschiedenen Bundesstaaten oder einem Bundesstaat und einem Drittland kommen (Diversity Jurisdiction).[40]

Für die beiden letzteren Zuständigkeiten muß ein Mindeststreitwert von 10.000 US $ vorliegen. Der District Court ist im Bundesverfahren die einzige Tatsacheninstanz. In common law-Fällen entscheiden Richter und Jury, in equity-Fällen der Richter allein.

---

[34] 28 U. S. C. § 133 (Stand 1980).
[35] 28 U.S.C. § 41.
[36] 28 U.S.C. § 48.
[37] Insgesamt geregelt in 28 U.S.C. §§ 1331—1361.
[38] Siehe im einzelnen 28 U.S.C. §§ 1345, 1346.
[39] 28 U.S.C. § 1331.
[40] 28 U.S.C. § 1332.

Revisionsgericht und in der Regel letzte Instanz für einen Zivilrechtsfall ist der Court of Appeals. Er ist zuständig für alle Revisionen gegen Endurteile der District Courts. Daneben hat er über sofortige Beschwerden im Zusammenhang mit einstweiligen Verfügungen und verschiedenen Zwischenentscheidungen der District Courts zu befinden.[41] Der Court of Appeals entscheidet — mit drei Berufsrichtern besetzt — nur über Rechtsfragen.

Gegen Urteile des Court of Appeals gibt es in den meisten Fällen nur ein sehr eingeschränktes Rechtsmittel zum Supreme Court: den ‚writ of certiorari'. Der Antragsteller muß darlegen, aus welchen Gründen er eine Entscheidung des Supreme Court für nötig erachtet. Die aufgeworfenen Fragen sollten entweder verfassungsrechtlichen Rang haben oder unter den verschiedenen Untergerichten umstritten sein, wenn ein ‚writ of certiorari' Aussicht auf Erfolg haben soll. Nimmt der Supreme Court den ‚writ of certiorari' an und läßt eine Revision zu, dann steht es ihm offen, neben verfassungsrechtlichen auch materiell- oder prozeßrechtliche Probleme zu behandeln. Die wenigsten ‚petitions of certiorari' sind erfolgreich.[42] Ein Recht auf unmittelbaren ‚appeal' gegen ein Urteil des Court of Appeals ist außergewöhnlich.[43]

3.2. Der Ablauf des zivilprozessualen Verfahrens

3.2.1. Die gesetzlichen Grundlagen

Für den Bundeszivilprozeß gibt es mehrere gesetzliche Grundlagen. Grundwerk sind die

— Federal Rules of Civil Procedure (Fed.R.Civ.P.).

In insgesamt 86 ‚rules' wird der Ablauf des Verfahrens geregelt, sie sind weit weniger detailliert als die deutsche ZPO. Es ist dabei aber zu berücksichtigen, daß größere Teile des Beweisrechts nicht in den Federal Rules of Civil Procedure, sondern in den

— Federal Rules of Evidence

zusammengefaßt sind. Daneben bleiben die

— Local Rules

des District Court zu beachten. Sie beruhen auf R. 83 Fed.R.Civ.P. Danach kann jeder District Court Verfahrensvorschriften erlassen (beschlossen von der Richterversammlung), die die Federal Rules of Civil Procedure ergänzen und den örtlichen Verfahrensablauf im einzelnen

---

[41] 28 U.S.C. §§ 1291, 1292.

[42] Die genauen Statistiken über die Arbeit des Supreme Court werden jährlich in der ‚Havard Law Review' veröffentlicht.

[43] 28 U.S.C. § 1254.

regeln. Die Local Rules dürfen nicht im Widerspruch zu den Federal Rules stehen. Schließlich erlassen die einzelnen Richter noch

— Standing Orders,

in denen z. B. neben technischen Einzelheiten, wie Terminabfolgen u. ä., auch Hinweise, wie mit Klageschriften und dem übrigen prozessualen Schriftverkehr zu verfahren ist, enthalten sind.

Es sei schon hier darauf hingewiesen, daß all die genannten Verfahrenskodices dem Richter einen enormen Spielraum lassen. Für die Art und Weise der Verfahrensgestaltung spielt die Persönlichkeit des Richters, sein Temperament, seine Ansichten, sein juristischer und nicht zuletzt auch ein wenig sein politischer Hintergrund — Bundesrichter werden vom amerikanischen Präsidenten ernannt — eine erhebliche Rolle.[44]

3.2.2. Das Klageverfahren

Das Streitverfahren wird durch Einrichtung einer Klageschrift (complaint) beim District Court eingeleitet.[45] Sie soll eine kurze und einfache Darlegung des Klagebegehrens und des Anspruchs auf Abhilfe enthalten.[46] Anwaltszwang besteht nicht. Wegen des komplizierten Verfahrensablaufs wird jedoch in nahezu allen Fällen ein Anwalt mit der Rechtsverfolgung betraut.[47] Die Klageschrift wird dem Beklagten zusammen mit einer vom Gericht ausgefertigten Ladung (summons) von einer autorisierten Person zugestellt.[48] Innerhalb von 20 Tagen danach muß der Beklagte eine Klageerwiderung (answer) einreichen,[49] in der das in der Klageschrift Vorgebrachte in tatsächlicher wie rechtlicher Hinsicht genauestens erörtert wird. Bei mangelnder sachlicher oder örtlicher Zuständigkeit des Gerichts, Mängeln in der Zustellung der Klageschrift, anderen Verfahrensfehlern oder bei Unschlüssigkeit der Klage kann der Beklagte wahlweise beantragen, die Klage abzuweisen (motion to dismiss).[50]

Die eingegangene Klage wird heute in den meisten District Courts[51] nach dem ‚individual assignment system' ganz speziell einem Richter zu-

---

44 Frankel, The Adversary Judge, 54 Texas L.Rev. 465, 467 f. (1976) bemerkt, der amerikanische Richter sei im Gegensatz zum gleichförmigen deutschen Typus eine ‚farbige Persönlichkeit'; Wyzanski, An Activist Judge: Mea Maxime Culpa. Apologia Pro Vita Mea, 7 Ga.L.Rev. 202, 208 (1973).

45 R. 3 Fed.R.Civ.P.

46 R. 8(a), (2), (3) Fed.R.Civ.P.

47 Im einzelnen dazu Karlen, Civil Litigation, I 1 (S. 2 ff.).

48 R. 4 (a), (c), (d) Fed.R.Civ.P.

49 R. 12(a) Fed.R.Civ.P.

50 R. 12(b) Fed.R.Civ.P.

geordnet, der für ‚seinen' Rechtsfall von Anfang bis Ende zuständig und verantworlich ist.[52]

Trotz aller örtlichen wie in der jeweiligen Person des Richters begründeten Verschiedenheit des Verfahrensablaufs hat ein Richter in vielen District Courts den ersten Kontakt mit den Parteien seines Falles in der

— Status Conference (auch Preliminary oder Early Pretrial Conference genannt).[53]

Sie ist in den Federal Rules of Civil Procedure nicht geregelt. Als Rechtsgrundlage kommt R. 16 Fed.R.Civ.P. in Frage (Pretrial Conference). Manche Gerichte haben, gestützt auf R. 83 Fed.R.Civ.P., eine Vorschrift über die Status Conference in die Local Rules aufgenommen.[54] Die Status Conference findet circa 40 bis 90 Tage nach Klageerhebung statt. Der Fall wird in rechtlicher und tatsächlicher Hinsicht besprochen, die Beweisermittlungsvorstellungen der Parteien (discovery procedure) werden erörtert und ein Plan für die Beweisermittlung mit genauen Zeitvorgaben festgelegt.

Es folgt im Vorverfahren die Phase der Beweisermittlung. Sie entwickelt sich weitgehend ohne Beteiligung des Richters, er wird — von einer Ausnahme (Discovery Conference) abgesehen — nur auf Anrufung einer Partei tätig.

Unter die Beweisermittlung (discovery)[55] fallen

— depositions — die eidlichen Aussagen von Zeugen, die von den Parteianwälten in einem der Anwaltsbüros in Gegenwart eines die Aussage protokollierenden Gerichtsbeamten vernommen werden;

— written interrogatories — schriftliche Fragen an die Gegenpartei, die an Eides Statt beantwortet werden müssen;

— production of things — Vorlagen von Urkunden und anderen Gegenständen des Gegners zur Ein- und Ansicht;[56]

---

51 Silberman, Masters and Magistrates, Part I, 50 N.Y.U.L.Rev. 1070, 1107 (1975) m.w.N. in Fn. 248.

52 Als Beispiel sei R. 2(A) der Local Rules des District Court for the District of Minnesota zitiert: „Each case or matter, . . ., shall be assigned to a specific judge . . . Each judge, unless he otherwise orders, shall thereafter hear all matters and preside at all times on said case until the same is finally determined."

53 Siehe Handbook for Effective Pretrial Procedure, 37 F.R.D. 255, 267 (1964); Will / Merhige / Rubin, The Role of the Judge in the Settlement Process, 75 F.R.D. 89, 204 (1978); Peckham, The Federal Judge as a Case Manager: The New Role in Guiding a Case from Filing to Disposition, 69 Cal.L.Rev. 770, 779 (1981).

54 So z. B. N.D.Cal.R. 235-3.

55 Geregelt in Rules 26—37 Fed.R.Civ.P.

— entry upon land for inspection — Besichtigung dem Gegner unterstehenden Grund und Bodens zur Beweiserhebung;

— physical and mental examination of persons — die Untersuchung des körperlichen und geistigen Zustandes einer Partei oder einer rechtlich von ihr abhängigen Person, sofern dies Gegenstand des Rechtsstreits ist.

Die discovery soll eine vollständige Sachverhaltsaufklärung für beide Parteien schon vor der Hauptverhandlung gewährleisten, vor allem soll verhindert werden, daß eine Partei in der Hauptverhandlung mit einem ihr unbekannten Beweismittel der Gegenpartei überrascht wird.[57]

Die oben angesprochene Ausnahme von der Nichtbeteiligung des Richters in dieser Phase ist die 1980 neu eingeführte Discovery Conference.[58] Sie *kann* vom Richter angesetzt werden mit dem Ziel, den Umfang der Beweisermittlung festzustellen und einen verbindlichen Zeitplan für die discovery niederzulegen; nach der Discovery Conference soll das Gericht eine entsprechende Verfügung (court order) erlassen.

Nachdem der Schriftsatzwechsel (pleadings) und die Beweiserhebung (discovery) abgeschlossen sind, findet regelmäßig ein Pretrial Conference statt,[59] begründet auf R. 16 Fed.R.Civ.P. Um diese von der Status Conference zu unterscheiden, wird sie auch als Final Pretrial Conference bezeichnet.[60] Der Richter sollte — spätestens — zu diesem Zeitpunkt mit dem Fall völlig vertraut sein.[61] Das ‚individual assignment system', die Vorschrift, den gesamten vorbereitenden Schriftverkehr — pleadings und discovery — zu den Gerichtsakten zu geben[62] und von den Anwälten erbetene schriftliche Kurzauskünfte ermöglichen eine umfassende Information. In der Pretrial Conference sollen Richter, Anwälte und von Fall zu Fall auch die Parteien selbst die Rechtssache umfassend erörtern mit dem Ziel, den Prozeß im Hinblick auf die Hauptverhandlung handhabbar zu machen.[63]

Die mündliche Hauptverhandlung findet entweder vor einem Einzelrichter oder einer Jury und einem Richter statt. Die Verfassung der Ver-

---

56 Genaue Aufzählung in R. 34(a) Fed.R.Civ.P

57 James & Hazard, Civil Procedure, § 6.2.

58 R. 26(f) Fed.R.Civ.P.

59 James & Hazard, Civil Procedure, § 6.16; Green, Civil Procedure, VI 6 (S. 164 f.).

60 Will, Merhige, Rubin, The Role of the Judge in the Settlement Process, 75 F.R.D. 89, 210.

61 Handbook for Effective Pretrial Procedure, 37 F.R.D. 255, 270 (1964).

62 R. 5(d), (e) Fed.R.Civ.P.

63 James & Hazard, Civil Procedure, § 6.16; Green, Civil Procedure (Fn. 59); Lynn v. Smith, 281 F.2d 501 (1960): „. . . purpose to streamline the trial."

einigten Staaten[64] garantiert in allen ‚suits at common law', die einen Streitwert von mehr als 20 US $ haben, das Recht auf ein ‚jury trial'. Während die Jury über die streitigen Tatsachen zu entscheiden hat, befindet der Richter über das anzuwendende Recht. Die Zahl der Jury-Mitglieder wird in der Verfassung nicht genannt. R. 48 Fed.R.Civ.P sieht vor, daß sich die Parteien auf weniger als 12 Geschworene — die über lange Zeit hinweg als selbstverständlich angenommene Zahl — einigen können. 1973 entschied der Supreme Court,[65] daß auch eine vom Gericht in den Local Rules festgesetzte Zahl von nur sechs Jury-Mitgliedern weder das 7. Amendment noch R. 48 Fed.R.Civ.P. verletzt. Sofern die Parteien eine Jury nicht verlangen, und in allen nicht dem common law unterliegenden Fällen entscheidet der Einzelrichter.[66]

Die Hauptverhandlung mit einer Jury läuft folgendermaßen ab: Nach Auswahl und Einweisung der Jury hält der Kläger (klägerische Anwalt) das Eröffnungsplädoyer (opening statement), der Beklagte(nanwalt) eine Gegenrede. Diese Plädoyers dienen einer ersten Orientierung der Jury. Danach ruft der Kläger nacheinander seine Zeugen auf und befragt sie, jeweils im Gegenspiel mit dem Beklagtenanwalt; die Zeugen werden ins Kreuzverhör genommen. Nach der Zeugenbefragung legt der Klägervertreter seine übrigen Beweismittel vor.

Nach der klägerischen ‚Beweisstation' kann der Beklagte ein ‚directed verdict' beantragen, sofern er der Meinung ist, daß die vorgelegten Beweise den klägerischen Fall in tatsächlicher Hinsicht nicht hinreichend stützen. Dem Antrag wird stattgegeben, wenn „keine verständige Person zum Vorteil des Klägers entscheiden würde".[67] Andernfalls präsentiert der Beklagte danach seine Beweismittel, der Ablauf entspricht der Beweisvorstellung des Klägers.

Jede Partei kann nach Beendigung der Beweisstation ein ‚direct verdict' beantragen. Der Richter entscheidet auf diesem Weg selbst — ohne Jury —, wenn der Fall vollkommen klar ist, und (hypothetische) verständige Personen über die vorgelegten Beweise nicht uneins sein könnten. Sind die Tatsachen streitig geblieben, dann wird der Fall der Jury zur Entscheidung vorgelegt. Die Anwälte halten ihre Schlußplädoyers, der Richter belehrt die Jury über das auf den Fall anzuwendende Recht und faßt die Beweise zusammen; sofern er möchte, kann er sie auch wer-

---

64 U.S.Const., amend. VII.

65 Colgrove v. Battin, 413 U.S. 149, 37 L.Ed.2d 522 (1973); 1971 wurde von der Judicial Conference die sechsköpfige Jury vorgeschlagen, 1976 hatten 82 von 94 District Courts in ihren Local Rules eine entsprechende Regelung getroffen, s. Green, Civil Procedure, VII 2 (S. 174).

66 R. 39(b) Fed.R.Civ.P.

67 Karlen, Civil Procedure, S. 78.

tend würdigen. Nach dem Spruch (verdict) der Jury wird, wenn keine Aufhebung erfolgt,[68] das Urteil vom Gericht ausgefertigt.[69]

Eine Hauptverhandlung ohne Jury verläuft nicht wesentlich anders. Der Richter mag die Eröffnungsplädoyers abkürzen oder gar auf sie verzichten, weil (oder wenn) er den Fall kennt. Da die Gefahr der unerlaubten Beeinflussung der Jury nicht besteht, kann der Richter während der Hauptverhandlung im Vergleich zum ‚jury trial' aktiver werden; dies wird im einzelnen noch darzustellen sein. Bei einer Entscheidung des Einzelrichters muß dem Urteilstenor eine Urteilsbegründung mit Sachverhalt und Rechtsausführungen beigefügt werden.[70] Es ist die Pflicht des Richters, die Urteilsbegründung selbst zu schreiben. Dennoch ist es trotz obergerichtlicher Ermahnungen nicht unüblich, daß der Richter den obsiegenden Parteianwalt beauftragt, ihm eine unterschriftsreife Urteilsbegründung vorzulegen.[71]

---

68 Motion for a judgment notwithstanding the verdict (R. 50(b) Fed.R.Civ.P.), motion for a new trial (R. 59 Fed.R.Civ.P.).

69 R. 58 Fed.R.Civ.P.

70 R. 52(a) Fed.R.Civ.P.

71 Roberts v. Ross, 344 F.2d 747, 751 (1965): „It is not proper ... to *direct* counsel to prepare and submit findings ... although he (judge) may *invite* counsel to submit proposed findings and conclusions to *assist* him in formulating his own findings and reaching his own decision."; E.E.O.C. v. Federal Reserve Bank of Richmond, 698 F.2d 433, 441 (1983).

2. Abschnitt

Das Verfahren bis zur Hauptverhandlung

1. Allgemeine Überlegungen zum Verhältnis des Richters zu den Parteien

Die richterlichen Befugnisse, die Parteien während des Verfahrens anleiten und die Tatsachen aufklären zu können, müssen vor dem Hintergrund des magischen Begriffs des anglo-amerikanischen Prozeßrechts, dem adversary system, gesehen werden. Adversary system wird in einem Atemzug mit der Gedanken- und Wirtschaftsfreiheit (free enterprise) genannt, als essentieller Bestandteil einer wirklichen Demokratie. Was genau ein Verfahren zu einem adversary system macht, ist schwierig zu bestimmen. Trotz all der erheblichen Veränderungen, die es im Lauf der Jahrhunderte erlebt hat, und der Neuordnungen, die gerade im zwanzigsten Jahrhundert vorgenommen wurden, sind sich Konservative wie Reformer in einem einig: Der amerikanische Prozeß hat einen adversary-Charakter. Selbst die schärfsten Kritiker mit den weitestgehenden Änderungsvorschlägen beeilen sich zu betonen, daß am adversary system nicht gerüttelt werde.

Abgegrenzt wird es vor allem in negativer Hinsicht. Der stets genannte Gegensatz ist das ‚inquisitorial system'. Der Begriff ‚inquisitorial' steht auch inhaltlich für das, woran er erinnert: Man denkt an die spanische Inquisition, Folterkammern und Kafkas ‚Prozeß'.[1] ‚Inquisitorial' sollen die Verfahren der kontinental-europäischen Staaten sein, und zwar alle miteinander, differenziert wird kaum.[2] Es wird auch nicht streng zwischen Zivil-, Straf- oder Verwaltungsgerichtsbarkeit unterschieden, da diese Einteilung wegen des in den USA gleichartigen Prozeßablaufs unbekannt ist. Das Kontrastbild stellt in aller Regel einen alles erkundenden, allwissenden Untersuchungsrichter in einem Strafverfahren dar. Beobachtungen des Zivilverfahrens kontinentaler Staaten sind selten, als rare Ausnahme für den deutschen Bereich muß eine

---

[1] Kötz, The Reform of the Adversary Process (Besprechung von Frankel, Partisan Justice), 48 U.Chi.L.Rev. 478, 485 (1981).

[2] Saltzburg, The Unnecessarily Expanding Role of the American Trial Judge, 64 Virg.L.Rev. 1, 14 f. (1978); Thibaut / Walker / Lind, Adversary Presentation and Bias in Legal Decisionmaking, 86 Harv.L.Rev. 386 (1972).

Untersuchung von Kaplan, von Mehren und Schaefer aus dem Jahr 1958 gelten.[3]

Ein Blick in die Prozeßgeschichte zeigt auf, daß über lange Zeit hinweg die bestimmenden Elemente des adversary-Verfahrens wenig umstritten waren. Es war ein Verfahren unter weitgehender Parteienherrschaft. Vom Richter erwartete man, ein regelkundiger Schiedsrichter zu sein, der erst dann den Ring des Zweikampfes betrat, wenn ihm die Parteien die Bereitschaft zum Endkampf signalisierten. Und selbst dann, im Trial, sollte der Schiedsrichter nur darauf achten, daß die Parteien einander nicht zu viele Fouls zufügten. Eine Kenntnis des Rechtsstreits sollte er nicht haben, im Gegenteil, zu richten aufgerufen war ein bis dahin der zugrunde liegenden Fakten unkundiger und unvorbereiteter Verhandlungsleiter (‚moderator'), der den Fall vom Gipfel olympischer Ignoranz aus zu beurteilen hatte.[4] Was bis zur Hauptverhandlung passierte, hatte den Richter nichts anzugehen, die Art und Weise der Vorbereitungshandlungen lagen im Belieben der Parteien.[5] Dahinter stand die ‚sporting theory of justice', begründet in einer stark von Sport und Wettbewerb geprägten Gesellschaft. Diese übertrug ihren Sportsgeist auch auf das Gebiet des Rechts, für ihre ums Recht streitenden Bürger hielt sie ein Verfahren in Form eines legalisierten Glücksspiels bereit.[6] Die sporting theory wird nicht alleine zur Erklärung des adversary system herangezogen. Die wirtschaftliche laissez-faire-Theorie des englischen Liberalismus hat, auf das Gebiet des Rechts übertragen, sicher das Rechtsleben mitgeprägt.

Weitreichende Folgen sollte es haben, als Roscoe Pound 1906 auf der Jahreskonferenz der American Bar Association einen Vortrag hielt über „Die Gründe für die allgemeine Unzufriedenheit mit der Rechtspflege".[7] Er führte aus, daß sich die allgemeine Unzufriedenheit und Verärgerung über das Rechtswesen unter anderem gegen die amerikanischen Übertreibungen beim common Law-Streitverfahren richteten. Die sporting theory of justice sei so tief in den Vorstellungen der amerikanischen Juristenwelt verwurzelt, daß sie von den meisten als notwendige Grundvoraussetzung des Rechtswesens angesehen werde. Dabei sei die sport-

[3] Kaplan / von Mehren / Schaefer, Phases of German Civil Procedure (pts. 1 + 2), 71 Harv.L.Rev. 1193, 1443 (1958).

[4] Frankel, The Search for Truth, An Umpireal View, 123 U.Pa.L.Rev. 1031, 1042 (1975); Frankel hält dies auch heute noch für den Idealzustand.

[5] Will, Judicial Responsibility for the Disposition of Litigation, 75 F.R.D. 89, 117, 121 (1978); Chayes, The Role of the Judge in Public Law Litigation, 89 Harv.L.Rev. 1281, 1286 (1976).

[6] Frank, Courts on Trial, VI, ‚Fight' vs. ‚Truth' Theory, S. 91; diese Interpretation geht vor allem auf Wigmore — angeregt von Bentham — zurück.

[7] Pound, The Causes of Popular Dissatisfaction with the Administration of Justice, Nachdruck in 35 F.R.D. 241, 373.

ing theory lediglich ein Überbleibsel aus grauer Vorzeit, als noch die Familiensippen gegeneinander kämpften, und heute eine Eigentümlichkeit allein des anglo-amerikanischen Rechtskreises. Sie sei nicht nur verinnerlicht, sondern bis zu den äußersten Möglichkeiten ausgedehnt worden. Es sei folglich selbstverständlich in Amerika, daß der Richter ein bloßer Schiedsrichter sein solle, der die Anwälte zur Beachtung der Spielregeln anhält. Die Parteien hätten das Recht, ihr eigenes Spiel ohne richterliches Eingreifen zu spielen, ein richterliches Eingreifen würde im Gegenteil als unfair angesehen. Dies führe dazu, daß der Richter nach den Regeln des Spiels den Fall so, wie ihn die Anwälte präsentierten, zu entscheiden habe, nach Wahrheit oder Gerechtigkeit suche man nicht. Zeugen und Sachverständige würden schlicht und einfach zu Parteianhängern, die von den Anwälten ohne Eingreifen des Richters eingeschüchtert werden könnten, wenn eine unangenehme Aussage drohe. Pound faßt seine Beobachtungen zusammen mit der Feststellung, daß die Auswirkungen dieses übertriebenen *Streitverfahrens* nicht nur Parteien, Zeugen und Geschworene verwirre, sondern in der Gesellschaft insgesamt eine falsche Vorstellung über Sinn und Zweck des Rechts habe aufkommen lassen. Entstanden sei daraus ein amerikanischer Wettbewerb, das Recht auszustechen. Die Gerichte würden zu Helfershelfern der Gesetzlosigkeit.

Pounds inzwischen berühmte Rede sorgte damals für einen Aufruhr beim Kongreß der American Bar Association, sie wird heute als Zündfunken für ein modernes Zivilverfahren bezeichnet.[8] Seitdem reißen die flammenden Aufrufe, das Verfahren auf eine neue Grundlage zu stellen, nicht mehr ab. Im Handbuch „The Improvement on the Administration of Justice" liest sich das so: „Die sporting theory of justice hat den Rechtsstreit sowohl auf der Ebene der Begründung des Rechtsanspruchs wie auf der der Tatsachenfindung so durchdrungen, daß die streitigen Fragen verwirrt, verschleiert und verdunkelt werden; die Hauptverhandlungen, besonders vor Juries, sind durchzogen mit Elementen von Drama, Überraschung und Maskerade mit der Folge, daß dieses Verfahren allgemein von der Öffentlichkeit verdammt worden ist ... Ein neues Verfahren muß darauf gerichtet sein, diese Mißbräuche abzustellen. Das ist keine Aufgabe lediglich für einen Verfahrensmechaniker, sondern ebenso für einen geistigen Kreuzzügler. Die Rechtswelt muß sich in ihrem Bewußtsein völlig verändern ..."[9]

Das Konzept der sporting theory of justice wird nach wie vor herangezogen, um das adversary-Verfahren zu erklären.[10] Die Rolle des Rich-

[8] Kaufman, The Philosophy of Effective Judicial Supervision over Litigation, 29 F.R.D. 191, 207, 209 (1962).

[9] Handbook on „The Improvement on the Administration of Justice", Section of Judicial Administration of the A.B.A.

ters stimmt jedoch nicht mehr mit dem oben Beschriebenen überein. Die Federal Rules of Civil Procedure sahen schon bei ihrer Einführung 1938 einen auch am Vorverfahren beteiligten Richter vor. Weitere Änderungen der Verfahrensregeln von den sechziger Jahren bis heute führten zu einem Verständnis des Richters, das im Rückblick auf die traditionelle Konzeption von namhaften amerikanischen Juristen als beinahe revolutionär bezeichnet wird.[11] Die Entwicklung des Verfahrens befindet sich in einer Phase zunehmender richterlicher Kontrolle.[12] Stand zunächst noch ein mehr um Wahrheit und Gerechtigkeit bemühter Richter im Vordergrund, so kam seit den sechziger Jahren die Vorstellung vom ‚managing judge' hinzu.[13] Dieser Begriff steht für das Konzept des betreuenden Richters, der seinen Fall von der ‚Wiege bis zur Bahre'[14] beaufsichtigt. Es werden inzwischen Stimmen laut, die darauf hinweisen, daß im Stillen nach und nach das ganze Verfahrenssystem verändert werde.[15] Die einen meinen, der kontinental-europäische ‚Inquisitionsrichter' sei nicht mehr fern,[16] andere sehen den paternalistischen Richter deutscher Art, wie ihn Kaplan, von Mehren und Schaefer beschrieben haben,[17] schon in amerikanischer Ausführung Gericht halten.[18]

2. Die Geschäftsverteilung

Wie schon oben bei der Darstellung des Verfahrens erwähnt, werden heute in den meisten District Courts die eingehenden Klagen nach dem ‚individual assignment system' auf die Richter verteilt.[1] Früher wurde dagegen allgemein das heute nur noch vereinzelt vorkommende ‚master calendar system' angewandt.[2] Danach nahm die jeweils anstehende gerichtliche Handlung der Richter vor, der gerade an der Reihe und frei

---

[10] Chayes, The Role of the Judge in Public Law Litigation, 89 Harv.L.Rev. 1281, 1283 f. (1976).

[11] Will, Judicial Responsibility for the Disposition of Litigation, 75 F.R.D. 89, 117, 121 (1978); Kaufman (Fn. 8) S. 210.

[12] Tullock, Trials on Trial, Technology: Anglo-Saxons vs. World, S. 96.

[13] Resnik, Managerial Judges, 96 Harv.L.Rev. 374 (1982); Peckham, The Federal Judge as a Case Manager: The New Role in Guiding a Case from Filing to Disposition, 69 Cal.L.Rev. 770 (1981); King, Management of Civil Case Flow from Filing to Disposition, 75 F.R.D. 89, 155 (1978); Schwarzer, Managing Civil Litigation: The Trial Judge's Role, 61 Judicature 400.

[14] Der Ausdruck geht zurück auf Richter Murrah, s. Kaufman (Fn. 8) S. 207.

[15] Resnik (Fn. 13) S. 380.

[16] Chayes (Fn. 10) S. 1289.

[17] Kaplan / von Mehren / Schaefer (Fn. 3).

[18] Resnik (Fn. 13) S. 386.

[1] Resnik, Managerial Judges, 96 Harv.L.Rev. 374, 399 (1982).

[2] Note, The Assignment of Cases to Federal District Court Judges, 27 Stan.-L.Rev. 475, 476 (1975).

war; ein Rechtsfall konnte im Lauf eines Verfahrens von mehreren Richtern gehört werden.[3] Dies bedeutete gleichzeitig, daß der Zugriff eines einzelnen Richters auf den Rechtsstreit insgesamt nicht sonderlich groß war, in einem Gericht mit mehreren Richtern blieb das Interesse des einzelnen jeweils auf einen bestimmten Verfahrensabschnitt und -aspekt beschränkt. Entwickelt und vorangetrieben wurde der Rechtsstreit durch die Parteianwälte.[4]

Nach dem individual assignment system ist ein bestimmter Richter für einen bestimmten Fall von der Klageerhebung bis zur Beendigung des Verfahrens zuständig.[5] Als Vorzüge dieser Art der Verteilung gegenüber dem ‚master calendar' werden genannt:[6]

— der Richter werde durch das pretrial-Verfahren und nur an ihn zu richtende Parteianträge mit ‚seinem' Fall von Grund auf vertraut;
— die Anwälte seien gezwungen, mit ‚ihrem' Richter auszukommen, Fallaufbereitung und eventuell Vergleichsgespräche würden daher ernsthafter betrieben;
— die Beschäftigten nur eines Richters mit dem Fall brächte gerade in komplexeren Rechtssachen eine erhebliche Zeitersparnis mit sich;
— ein für ‚seinen' Fall verantwortlicher Richter müsse bestrebt sein, keine Aktenberge entstehen zu lassen, Ergebnis: kürzere Verfahrensdauer.

Es wird deutlich, daß durch den Wechsel des Geschäftsverteilungssystems auch ein verändertes Bild des Richters zum Vorschein kommt. Leitbild ist der ‚case manager'. Es ist die Pflicht des Gerichts, ein schnelles und ökonomisches Verfahren zu gewährleisten; verspätetes Recht ist verweigertes Recht. Nicht nur den Parteien, sondern der Öffentlichkeit insgesamt als Trägerin des Gerichtswesens schuldet man ein schnelles Verfahren mit schnellen Ergebnissen. Der Verlust von Zeugen und anderen Beweismitteln wegen eines verzögerten Verfahrens erschwert die in der neueren Diskussion so betonte ‚Suche nach Gerechtigkeit', die über das Parteiinteresse hinaus auch das öffentliche Wohl berührt.[7] Also darf das Gericht sich nicht auf die Rolle des Schiedsrichters in einem Verfahren, das hauptsächlich von den Parteien betrieben wird, zurückziehen. Verlangt wird vom Richter eine aktive Termindisposition, er soll

3 Carter, Effective Calendar Control, Objectives and Methods, 29 F.R.D. 191, 227, 237 Fn. 35 (1962).

4 Ebd., S. 228.

5 Beispiel einer entsprechenden District Court Rule im 1. Abschn. 3.2.2. Fn. 52.

6 Carter (Fn. 3) S. 237 f.; Hooper, Calendar and Docket Control in Single Judge Systems, 50 F.R.D. 319, 353, 354 (1971).

7 Kaufman, Judicial Responsibility for Calendar Control, 28 F.R.D. 37, 63 (1962); King, Management of Civil Case Flow from Filing to Disposition, 75 F.R.D. 89, 155 f. (1978); Frank, Courts on Trial, ‚Fight' vs. ‚Truth', S. 95.

für die Parteien den Zeitrahmen festsetzen und streng über dessen Einhaltung wachen.[8] In die Terminologie des Sports, die im anglo-amerikanischen Recht so beliebt ist, übertragen ist dies die erste Folge des „call to the judges to remove themselves from the sidelines and enter the arena as participants".[9] Von skeptischen Beobachtern der Wende hin zum ‚managing judge' wird darauf hingewiesen, daß mit dem individual assigment system der Grundstein für weitreichende Prozeßleitungsbefugnisse des Richters während der gesamten pretrial-Phase gelegt wird.[10] Die individuelle Zuordnung brächte die Gefahr mit sich, daß der den Fall schon bald genau kennende Richter in der Meinung, selbst schneller zu einem Vergleich oder einem anderen Verfahrensabschluß zu kommen, mit der Prozeßführung der Anwälte unzufrieden werde und seine Überwachung verstärke.[11] Nicht zuletzt die Fallerledigungsstatistiken veranlaßten die einzelnen Richter, die Fälle ‚im Griff' zu behalten, da ein Rückstand ansehensmindernd wirke.[12] Prof. Resnik hält die Folgen des individual assignment system für derartig systemverändernd, daß sie zwar nicht die Rückkehr zum master calendar, wohl aber zu einem modifizierten Verfahren vorschlägt, in dem der Einfluß des einzelnen Richters auf einen bestimmten Prozeß wieder geringer würde.[13]

3. Die Status Conference

3.1. Bisherige Übung

Die Einrichtung der Status Conference (auch Preliminary Pretrial Conference o. ä. genannt) ist Zeichen einer Entwicklung, die vor wenigen Jahren eingesetzt hat. Eines der wesentlichen Ziele der Einführung der Federal Rules of Civil Procedure von 1938 war es, die sporting theory of justice zu bannen und das prozessuale Versteckspiel sowie den Kampf mit Tricks und Finten zu beenden.[1] Die Beweismittel sollten den jeweiligen Gegnern nicht mehr bis zur Hauptverhandlung vorenthalten werden dürfen, sondern schon im Vorverfahren sollten alle Karten auf den Tisch gelegt werden müssen.[2] Um dieses Ziel zu erreichen, wurde

---

[8] King (Fn. 7).

[9] Kaufman, The Philosophy of Effective Judicial Supervision over Litigation, 29 F.R.D. 191, 207, 210 (1962).

[10] Resnik (Fn. 1) S. 413, 425.

[11] Ebd., S. 404.

[12] Ebd., S. 404.

[13] Ebd., S. 434.

[1] Burton v. Weyerhaeuser Timber Co., 1 F.R.D. 571, 573 (1941).

[2] Klassisch die Formulierung in Clark v Pennsylvania R. R. Comp., 328 F.2d 591, 594 (1964): „In the heyday of Common Law Pleading, when each of

das discovery-Verfahren eingeführt. Wie das neue Instrument verstanden werden sollte, führte der US Supreme Court in einer berühmten Entscheidung aus: „... mutual knowledge of all the relevant facts gathered by the parties is essential to proper litigation."[3] Jede Partei sollte umfassende Kenntnis aller für die Prozeßführung erheblichen — wobei dieser Begriff weit ausgelegt wird — Beweismittel erlangen können, die Offenlegung der beim jeweiligen Gegner belegenen Beweismittel eingeschlossen.

Ursprünglich war in der pretrial-Phase von den pleadings bis zur discovery eine richterliche Beteiligung nur bei entsprechender Anrufung durch eine der Parteien vorgesehen. Die Entwicklung der discovery, die faire und ordentliche Durchführung der Beweiserhebung und gegenseitigen Information lag primär in den Händen der Parteien, die Federal Rules of Civil Procedure hatten den Richter insoweit aus der Verantwortung entlassen — oder gar nicht erst dazu berufen.[4] Gedacht als ein für die Parteien leicht beherrschbares und überschaubares Verfahren zur Klärung der Beweislage, hat sich die discovery nicht den Vorgaben entsprechend entwickelt. Vor allem in größeren Prozessen ist sie zu einem Verfahren in sich ausgewachsen. Die Parteien überschütten einander mit hunderten von interrogatories, ausgedehnten Beweisoffenlegungsverlangen usw., zeitliche und finanzielle Grenzen sind nicht mehr abzusehen.[5]

Nach der Konzeption des klassischen, also passiven Richters war dies eine Entwicklung, die im wesentlichen die Parteien anging, an ihnen lag es, sich gegenseitig zu kontrollieren und das Verfahren voranzutreiben. Seitdem sich aber das Leitbild mehr und mehr zum aktiven ‚managing judge' hin verschoben hat,[6] gilt auch die discovery-Phase als nicht mehr allein in das Belieben der Parteien gestellt. Wie schon bei der Darstellung des individual assignment system erwähnt, wird ein Rechtsstreit mit seiner Einreichung bei Gericht zu einer Sache von öffentlichem Be-

---

the numerous technicalities involved provided the members of the bench and bar with a source of continual intellectual amusement and pleasure, the sporting theory prevailed. To win a lawsuit by guile and surprise or by the skillful manipulation of mysterious rules, understood only by the elite, was quite the thing to do ... One of the prime objectives of this new device ⟨*pretrial procedure* and R. 16 Fed.R.Civ.P.⟩ is ... substitute a more enlightened policy of putting the cards on the table ..."

[3] Hickman v. Taylor, 329 U.S. 495, 507, 91 L.Ed. 451 (1947).

[4] Pollack, Discovery, Its Abuse and Correction, 80 F.R.D. 219, 221 (1979).

[5] Ebd., S. 221 f.

[6] Peckham, The Federal Judge as a Case Manager: The New Role in Guiding a Case from Filing to Disposition, 69 Cal.L.Rev. 770 (1981); Schwarzer, Managing Civil Litigation: The Trial Judge's Role, 61 Judicature 400, 401; Frankel, From Private Fights towards Public Justice, 51 N.Y.U.L.Rev. 516 (1976).

lang, der alleinigen Disposition der Parteien entzogen. Mit der Betonung, daß das adversary system ein adversary *judicial* system sei,[7] wird dem Richter eine Gesamtverantwortung für den Prozeß übertragen. Der Richter soll nicht bei einer unvorbereiteten, improvisierten Amateurschauspielervorstellung ein gefesselter Zuschauer sein müssen.[8] Wer anders als der Richter wäre mehr berufen, Mißbräuche und Überstrapazierung der discovery durch eine allgemeine Überwachung auch dieser Phase zu verhindern?[9] Im ‚Handbook for Effective Pretrial Procedure' wird ausgeführt, daß es der heutigen Rolle des Gerichts entspreche, den Rechtsstreit von einem taktischen Manöverspiel in eine ordentliche Suche nach Wahrheit und Gerechtigkeit umzuformen. Dabei sei die Mitwirkungsbereitschaft der Anwaltschaft sicherlich vonnöten, der letztendliche Erfolg hänge aber von der aktiven Führerrolle (active leadership) des Richters ab, er sei der Schlüssel für ein effektives pretrial-Verfahren.[10] Nach Auffassung der Judicial Conference, die das Handbook herausgegeben hat, bedarf die gesamte pretrial-Phase der richterlichen Beaufsichtigung.[11]

Neben dem Aspekt eines gerechten Verfahrens spielt auch der des ständig steigenden Geschäftsanfalls eine erhebliche Rolle für das richterliche pretrial-Engagement. Das individual assigment system verpflichtet jeden Richter, die ihm eingangs zugeordneten Fälle auch abzuschließen. Um nicht in Rückstand zu kommen, muß er bestrebt sein, die anhängigen Prozesse möglichst schnell zu beenden. Das scheint jedoch nur möglich, wenn der Richter die Parteien über das gesamte Verfahren hinweg anleitet und beaufsichtigt. Läßt er ihnen in der discovery-Phase hingegen einen unkontrollierten Freiraum, dann läuft er Gefahr, daß die Parteien ‚davonrennen',[12] gleichbedeutend mit einem Minus für seine Erledigungsstatistik.[13]

Die oben dargestellten Entwicklungen bilden den Rahmen für die Status Conference, die vor allem von Richtern in Bezirken mit stärkerem Fallaufkommen eingeführt worden ist. In den Federal Rules of Civil Procedure war die Status Conference oder eine Einrichtung mit gleicher Funktion bislang nicht geregelt. Die Richter mußten also, sofern sie eine frühe Konferenz für sachlich notwendig und begründet hielten, eine Rechtsgrundlage ‚unterschieben'.

---

7 Kaufman, The Philosophy of Effective Judicial Supervision over Litigation, 29 F.R.D. 191, 207, 213 (1962).

8 Will, Judicial Responsibility for the Disposition of Litigation, 75 F.R.D. 89, 117, 121 (1978).

9 Pollack (Fn. 4) S. 223 m.w.N.

10 Handbook for Effective Pretrial Procedure, 37 F.R.D. 255, 264 f. (1964).

11 Ebd., S. 264.

12 ‚Runaway aspect', Pollack (Fn. 4) S. 221.

13 Peckham (Fn. 6) S. 770 f.

In R. 16 Fed.R.Civ.P. wird der Richter ermächtigt, eine Pretrial Conference abzuhalten. Diese Vorschrift ist sehr allgemein gefaßt, ein Zeitpunkt wird nicht genannt.[14] Aus dem Zusammenhang und der Entstehungsgeschichte wird jedoch deutlich, daß R. 16 Fed.R.Civ.P. gedacht war für eine Konferenz nach Abschluß der discovery, um die Hauptverhandlung (Trial) vorzubereiten. Nach dem Wortlaut ist die Ausweitung dieser Vorschrift auf die Eingangsphase nicht ausgeschlossen, der Text schweigt insofern.[15] Der allgemeine Regelungsinhalt der R. 16 Fed.R.-Civ.R. würde jedenfalls auch für eine Status Conference passen, so daß R. 16 Fed.R.Civ.P. als Rechtsgrundlage durchaus herangezogen werden kann. Einige Gerichte haben ergänzend aufgrund der in R. 83 Fed.R.-Civ.P. enthaltenen Ermächtigung, im Bedarfsfall selbst ‚Local Rules' aufstellen zu können, eine entsprechende Status Conference Regelung getroffen.[16]

Die Status Conference findet etwa 40 bis 90 Tage nach Klageerhebung statt. In einigen Gerichten wird sie aufgrund von ‚standing orders' in allen Prozessen angesetzt, in anderen wird sie zumindest für schwierigere Fälle vorgesehen.[17] Wird die Status Conference nicht vom Richter anberaumt, so kann sie auch von einer der Parteien beantragt werden.[18] Zeitlich so gelegen, daß die Parteien Klage- und Verteidigungsschrift austauschen konnten, ist sie die erste Berührung der Parteien mit dem für sie zuständigen Richter. Die Status Conference ist wenig förmlich, in der Regel findet sie im Büro (in chambers) des Richters statt, ab und an wird lediglich eine Telefonkonferenz zwischen den beteiligten Anwälten und dem Richter geschaltet.[19]

Die Status Conference als frühester ‚Verfahrensknotenpunkt' soll dreierlei bewirken:

— die issues, die tatsächlichen und rechtlichen Streitfragen sollen vorgeklärt und erörtert werden;
— die discovery soll so geplant werden, daß sie möglichst wenig Aufwand verursacht;
— Bereitschaft und Chancen für einen Vergleich sollen abgeklärt werden.

---

14 „. . . the court may in its discretion direct the attorneys for the parties to appear before it for a conference . . ."

15 Peckham (Fn. 6) S. 774.

16 So z. B. N.D.Cal.R. 235.

17 Will (Fn. 8) S. 123; Estes, Discovery, 29 F.R.D. 191, 280, 283 (1962).

18 Näheres zur ‚technischen' Seite der Status Conference bei Peckham (Fn. 6) S. 779; Schwarzer (Fn. 6) S. 402 ff.

19 Peckham (Fn. 6) S. 780; Marovitz, Calendar Control, Civil and Criminal, 68 F.R.D. 251, 255 (1976).

Schon vor der Status Conference kann und soll sich der Richter aufgrund der zu den Gerichtsakten gegebenen pleadings ein vorläufiges, grobes Bild vom anliegenden Rechtsstreit machen; ein unwissender und unvorbereiteter Richter liefe der Funktion der Status Conference zuwider.[20] Zur besseren Information schicken manche Richter zusätzlich einen ‚status report' an die Parteianwälte. Er enthält kurz zu beantwortende Fragen über den Fall selbst, Kontakte zwischen den Anwälten und Vergleichsaussichten.[21] Mit diesen Grundkenntnissen versehen läßt der Richter im ersten Teil der Konferenz die Parteianwälte den Fall kurz vortragen und die tatschlichen wie rechtlichen Probleme skizzieren.[22] Daran schließt sich die Besprechung der issues (Sach- und Rechtslage) an.

Grundlage der Diskussion ist die Tatsachendarstellung der Parteien, eine eigenständige Fallaufklärung — im Sinne eines Untersuchungsrichters — betreibt der Richter nicht. Im amerikanischen Zivilprozeß gilt dem adversary system entsprechend der Verhandlungsgrundsatz. Das Gericht hat aufgrund des von den Parteien unterbreiteten Sachverhalts zu entscheiden.[23] Hier und da finden sich Abweichungen von dieser Maxime, sie werden an entsprechender Stelle erörtert werden. Die Aufgabe des Richters ist es aber, gedanklich unabhängig den Sachvortrag der Parteien zu überprüfen,[24] und, soweit dies schon vor der discovery möglich ist, auf Unstimmigkeiten abzuklopfen und die Parteien auf Schwächen in ihrem Vorbringen hinzuweisen. Er ist gehalten, darauf hinzuwirken, daß sich die Parteien auf Unstreitiges und Unbestreitbares einigen, da insoweit dann keine discovery mehr stattzufinden braucht.[25] Die streitigen Punkte sollen unter der Anleitung des Richters präzise herausgearbeitet werden,[26] um im weiteren Verfahren möglichst überschaubar und ‚griffig' zu sein. Die Status Conference soll es dem Richter ermöglichen, die Parteien im Hinblick auf eine verfahrensgerechte Aufbereitung der Tatsachen auf das richtige Gleis zu setzen.[27]

[20] King, Management of Civil Case Flow from Filing to Disposition, 75 F.R.D. 89, 155, 162 (1978); Schwarzer (Fn. 6) S. 406.

[21] Marovitz, Calendar Control, Civil and Criminal, 68 F.R.D. 251, 253 (1976), Beispiel eines status report in Anh. A, S. 257; Peckham (Fn. 6) S. 781: ‚pretrial statement'.

[22] Peckham (Fn. 6) S. 780; Pollack, Pretrial Procedure More Effectively Handled, 65 F.R.D. 475, 476 (1975); Pollack (Fn. 4) S. 224.

[23] Frozen Food Express, Inc. v. United States, 328 F.Supp. 666, 670 (1971); James & Hazard, Civil Procedure, § 7.6 (S. 241).

[24] Devitt, Ten Commandments for the New Judge, 82 F.R.D. 209, 214 ⟨Com. VIII⟩ (1980).

[25] Peckham (Fn. 6) S. 780—782.

[26] Schwarzer (Fn. 6) S. 402, 406.

[27] Handbook for Effective Pretrial Procedure (Fn. 10) S. 267.

Die Erörterung der Rechtslage gliedert sich in zwei Bereiche, zum einen die Rechtsgrundlage des Falls und zum anderen die verfahrensrechtliche Seite mit dem Schwerpunkt discovery.

In den pleadings müssen die tatbestandsbegründenden Merkmale aufgeführt werden.[28] Rechtsausführungen sind unangebracht,[29] trotzdem fließen in die Tatsachendarstellung Rechtsbegriffe mit ein. Das Gericht kann keinesfalls verlangen, daß die Partei die von ihr beanspruchte Rechtsgrundlage klar und deutlich in den pleadings darlegt.[30] Will ein Richter von den Parteien weitergehende Informationen, dann muß er sie zur Beantwortung entsprechender Fragen in ‚status reports' veranlassen. Der Richter kann dem Vortrag der Parteien in etwa entnehmen, welche Rechtsgrundlagen sie im Auge haben. Er mag dies zunächst auch als Stütze für seine Überlegungen mit einbeziehen, es ist jedoch seine, nicht der Parteien Aufgabe, das auf den Fall anzuwendende Recht zu ermitteln.[31]

In der Status Conference geht es für den Richter darum, einen ersten Überblick über die Rechtsauffassungen der Parteien zu bekommen. Deuten sich Fehlvorstellungen einer oder beider Parteien an, dann kann er diese bei der Erörterung durch angemessene Hinweise korrigieren.[32] Angemessen heißt, daß nicht der Richter anstelle des Anwalts tritt und ihm den Fall aus der Hand nimmt, sondern ihn verständnisvoll anleitet. Da die Status Conference nur eine einführende Aufgabe haben und nicht viel Zeit beanspruchen soll, kann er aber auch auf eine umfassende Diskussion der Rechtsgrundlagen verzichten und eine Klarstellung erst für eine ausführliche Final Pretrial Conference vorsehen.[33]

Den Hauptteil der Status Conference bildet die Planung der discovery. Hier ist der Richter aufgerufen, Zügel und Sporen wirkungsvoll bei der Anleitung der Parteien zu nutzen.[34] Die Voraussetzungen für eine dominante Rolle des Richters bei der discovery-Planung wurden während der Erörterung der Sach- und Rechtslage geschaffen. Der Richter konnte dabei — zumindest in Umrissen — etwas über die Prozeßtaktik der Parteien erfahren. Diese kann er nun korrigieren, sofern sie seinen Vorstellungen zuwiderläuft.[35] Da eine Partei gerne die Tendenz entwickelt, die Beweisermittlung beim Gegner so umfassend wie mög-

---

[28] R. 8(a), (2), (3) Fed.R.Civ.P.

[29] James & Hazard, Civil Procedure, § 3.7 (S. 105).

[30] Michael v. Clark Equipment Comp., 380 F.2d 351, 352 (1967).

[31] Wigmore, Evidence, § 2572; Mc Cormick, Evidence, § 335.

[32] Schwarzer (Fn. 6) S. 406.

[33] Peckham (Fn. 6) S. 782.

[34] Pollack (Fn. 4) S. 223.

[35] Resnik, Managerial Judges, 96 Harv.L.Rev. 374, 392 (1982).

lich zu gestalten — berühmt-berüchtigt die ‚fishing expeditions' —, die Prozeßmaxime aber ein schnelles, kostengünstiges und faires Verfahren verlangt, liegt es am Richter, die Parteien auf einen discovery-Plan festzulegen, der nur das Notwendige enthält.

Die Parteien haben genaue Vorstellungen, welche Art von Beweisermittlung sie zu welchem strittigen Punkt für nötig erachten. Nachdem die Streitfragen (issues) unter Anleitung des Richters auf ihren Kern reduziert worden sind,[36] werden die einzelnen Beweisermittlungsansprüche gegen den jeweiligen Kontrahenten durch eine — großzügige — richterliche Erheblichkeitsprüfung gefiltert.[37] Darüber hinaus sehen die Richter darauf, das Beweisbegehren der Parteien in zweierlei Hinsicht zu begrenzen. Zum einen sollen zu einer einzelnen Streitfrage nicht unnötig kumulative Beweise erhoben werden.[38] Zum anderen sollen an die Stelle von aufwendigen Beweisermittlungen einfachere treten.[39] Zum Beispiel können langatmige, für die jeweilige Partei nur mit großem Zeitaufwand zu beantwortende ‚interrogatories' durch die Offenlegung von Dokumenten und mündliche Vernehmungen ersetzt werden. Erfordert der Sachverhalt die Beiziehung von Sachverständigen, so beruft jede Partei gerne ‚ihre eigenen'. Der Richter braucht dem nicht zu folgen. Er kann die Parteien auffordern, sich auf einen gemeinsamen Sachverständigen zu einigen. Auch kann das Gericht selbst Sachverständige benennen.[40] Die Status Conference wurde von den Richtern nicht zuletzt deswegen eingerichtet, um den Parteien angemessene discovery-Maßnahmen nahezulegen.[41]

Nachdem Beweismittel und -umfang für die discovery bestimmt worden sind, erörtert der Richter mit den Parteien den Zeitplan für die Beweisermittlung.[42] Gewinnt er dabei den Eindruck, daß es den Parteien um eine Prozeßverzögerung geht, dann weicht er von sich aus von den Vorstellunden der Parteien ab und setzt kürzere Fristen. Im übrigen kann er den von den Parteien angeregten Zeitrahmen übernehmen, die vom Gericht bestimmten Fristen sind jedoch dann verbindlich.[43]

Zeichnen sich schon in der Status Conference Anträge ab, Beweisermittlungsbegehren für unzulässig zu erklären, dann beraumt das Ge-

---

36 Handbook for Effective Pretrial Procedure (Fn. 10) S. 267.
37 Pollack (Fn. 4) S. 224.
38 Peckham (Fn. 6) S. 781; Pollack (Fn. 4) S. 225.
39 Pollack (Fn. 4) S. 224 f.
40 Marovitz (Fn. 21) S. 254; R. 706(a) Fed.R.Evid.
41 Schwarzer (Fn. 6) S. 407.
42 Handbook for Effective Pretrial Procedure (Fn. 10) S. 267.
43 Will (Fn. 8) S. 124.

richt dafür von sich aus Termine an. Schon gestellte ‚motions' werden während der Status Conference entschieden.[44]

Es bleibt auf einen nicht unwesentlichen weiteren Gesichtspunkt für die Abhaltung der Status Conference hinzuweisen: Sie bietet dem Richter die erste Gelegenheit, auf einen Vergleich hinzuwirken. Es ist angebracht, Art und Umfang der Beteiligung des Richters am Vergleichsgespräch in sich geschlossen darzustellen, da grundsätzliche, über die Status Conference hinausgehende Fragen zur Rolle des Richters zu erörtern sind (2. Abschn. 6.).

3.2. Neue Regelungen

Die von Richtern mit großem Fallaufkommen (in großstädtischen Gebieten) konzipierte Status Conference nahm eine verfahrensrechtliche Fortentwicklung voraus, die sich jetzt in den Federal Rules of Civil Procedure niedergeschlagen hat.

Im Zuge der Diskussion über den discovery-Mißbrauch hatte das ‚American Bar Association Special Committee for the Study of Discovery Abuse' in einem Änderungsentwurf für die Federal Rules vorgeschlagen, eine Discovery Conference einzurichten.[45] Im Gegensatz zur Status Conference sollte sie nur auf Antrag einer der Parteien anberaumt werden können.[46] Diese Entscheidung wurde vor dem Hintergrund der in den juristischen Kreisen wogenden Diskussion getroffen, ob ein Rechtsstreit im wesentlichen von den Parteianwälten oder aber unter Anleitung des Gerichts für die Hauptverhandlung vorbereitet werden sollte. Die Komiteemitglieder entschieden sich dafür, die Discovery Conference als Ausnahme von der Regel vorzusehen. Nur für den Fall, daß sich die Anwälte über das Vorgehen in der pretrial-Phase nicht einig werden können, sollte die Alternative früher richterlicher Kontrolle wenigstens als Angebot in Form einer vom Richter geleiteten Konferenz zur Verfügung stehen. Die Betonung lag dabei auf Angebot, vermieden werden sollte eine routinemäßig einzuberufende Konferenz.

1980 wurde die Discovery Conference in die Federal Rules of Civil Procedure übernommen. In einem Punkt weicht die neue Vorschrift nicht unwesentlich von dem Vorschlag des ABA-Komitees ab: Die Discovery Conference kann nicht nur auf Antrag der Parteien, sondern auch vom Richter selbst angesetzt werden.[47] Der Richter wird ermäch-

---

[44] Handbook for Effective Pretrial Procedure (Fn. 10) S. 267.

[45] Abgedruckt in 92 F.R.D. 137, 159 (1982).

[46] Vorschlag R. 26(c) Fed.R.Civ.P.: „After the joinder of issues, the court shall hold a conference on the subject of discovery *if requested* by any party."

[47] R. 26(f) Fed.R.Civ.P.: At any time after commencement of an action the *court may direct* the attorneys for the parties to appear before it for a con-

tigt, wenn nicht gar ermutigt, die Parteien während der gesamten discovery-Phase beratend zu begleiten. Unter seiner Anleitung können ein discovery Plan erstellt, Zeit- und Umfangsbegrenzungen für die Beweisermittlung vorgegeben werden. All dies soll der Richter in Form einer Verfügung (order) im Anschluß an die Konferenz verbindlich bestätigen und festlegen.[48]

Der Neuregelung liegt eine „revolutionäre Änderung der Verfahrensphilosophie zugrunde",[49] wird ein wenig überrascht festgestellt. Das ist übertrieben. Erstens handelt es sich um eine Kann-Vorschrift — may direct —, der sich am klassischen, passiven Vorbild orientierende Richter braucht sie für seine Verfahrensgestaltung nicht aufzugreifen, während der managing judge auch ohne die Ermächtigung in R. 26(f) Fed.R.-Civ.P. mit der Status Conference etwas Adäquates längst zur Verfügung hatte. Zweitens kann wohl kaum von einer Revolution gesprochen werden. Zwar tritt neben die Pretrial Conference nach R. 16 Fed.R.Civ.P. eine zweite Konferenz, die vom Richter ohne Antrag der Parteien einberufen werden kann, auch wird die richterliche Beteiligung am Prozeß vorverlagert. Dies ist aber Ausdruck einer Evolution vom passiven zum aktiven Richter, die seit geraumer Zeit stattfindet, wie ich mich schon in den bisherigen Erörterungen aufzuzeigen bemüht habe.

Die Discovery Conference nach R. 26(f) Fed.R.Civ.P. deckt nur den Teil der discovery-Planung ab. Mit ihrer Einführung sollte jedoch nicht die von einigen Gerichten praktizierte, weitergehende Status Conference (jedenfalls dem Zweck nach) abgelöst werden. R. 26(f) Fed.R.-Civ.P. sieht deshalb im letzten Absatz vor, daß die Discovery Conference mit einer Pretrial Conference nach R. 16 Fed.R.Civ.P. verbunden werden kann.[50] In den Anmerkungen des ‚Advisory Committee on the Rules' wird ausdrücklich darauf hingewiesen,[51] daß fortan Preliminary Pretrial Conferences mit ihrem ausführlicheren Erörterungsrahmen quasi als Doppelkonferenz auf zwei Rechtsgrundlagen zurückgeführt werden können.

R. 16 Fed.R.Civ.P. wurde zwar allgemein auch als Rechtsgrundlage für eine frühe, verfahrenseinleitende Pretrial Conference akzeptiert, nicht zuletzt wegen der geringen Überprüfungs- und Korrekturmöglichkeiten

ference on the subject of discovery. The court shall do so upon motion by the attorneys for any party...

48 R. 26(f) sec. 2 Fed.R.Civ.P.

49 Sherman / Kinnard, Federal Court Discovery in the 80's — Making the Rules Work, 95 F.R.D. 245, 269 (1983).

50 R. 26(f) Fed.R.Civ.P.: „... the court may combine the discovery conference with a pretrial conference authorised by Rule 16."

51 Im Anschluß an R. 26 Fed.R.Civ.P. unter 1980 Amendment, Subdivision (f).

durch Obergerichte,[52] ein etwas skeptischer Unterton bei der Beurteilung der aus R. 16 Fed.R.Civ.P. abgeleiteten Befugnisse gerade für eine Preliminary Pretrial Conference schwang jedoch immer mit.[53]

1981 hat das ‚Committee on Rules of Practice and Procedure' der Judicial Conference einen Entwurf für eine weitgehende Neufassung der R. 16 Fed.R.Civ.P. vorgelegt.[54] Die Aufnahme in die Federal Rules of Civil Procedure steht noch aus. Nach der neuen R. 16 Fed.R.Civ.P. könnte das Gericht nach Ermessen eine oder mehrere Konferenzen ansetzen mit dem Ziel,

— das Verfahren zu beschleunigen;
— eine frühe und dauernde Kontrolle zu begründen, um die Verschleppung des Falls wegen mangelnden Managements zu verhindern;
— von überflüssigen pretrial-Handlungen abzuhalten;
— die Qualität der Hauptverhandlung durch eine eingehendere Vorbereitung zu verbessern; und
— einen Vergleich des Falls zu fördern.[55]

Darüber hinaus würde, anders als bislang, durch R. 16(b) Fed.R.Civ.P. (Draft) ein frühes Eingreifen des Gerichts als verfahrensrechtlicher Regelfall vorgesehen. Sofern nicht durch District Court Rule für bestimmte Fallkategorien ausdrücklich ausgeschlossen, müßte vom Gericht binnen 90 Tagen nach Klageerhebung zunächst eine ‚scheduling order', die die wesentlichen Fristen für das Vorverfahren festlegt, erlassen werden. Das Gericht könnte aber auch von sich aus eine Scheduling Conference einberufen, der darauf die ‚scheduling order' folgt.[56] Die Verpflichtung,

---

[52] Resnik (Fn. 35) S. 411, 425 f.; Peckham (Fn. 6) S. 790.

[53] Sherman / Kinnard (Fn. 49) S. 273.

[54] Abgedruckt in 90 F.R.D. 451, 466 ff. (1982).

[55] R. 16 Fed.R.Civ.P. (Preliminary Draft):
(a) Pretrial Conferences; Objectives. In any action, the court may in its discretion direct the attorneys for the parties and any unrepresented parties to appear before it for a conference or conferences before trial for such purposes as
(1) expediting the disposition of the action;
(2) establishing early and continuing control so that the case will not be protracted because of lack of management;
(3) discouraging wasteful pretrial activities;
(4) improving the quality of the trial through more thorough preparation; and
(5) facilitating the settlement of the case.

[56] R. 16 Fed.R.Civ.P. (Preliminary Draft):
(b) Scheduling And Planning. Except in categories of actions exempted by district court rule as inappropriate for scheduling conferences or orders, the judge, after consulation with the attorneys for the parties and any unrepresented parties, shall enter a scheduling order that limits the time
(1) to join other parties and to amend the pleadings;

zumindest einen Zeitrahmen bestimmen zu müssen, läßt dem Richter gar keine andere Wahl mehr, als sich wenigstens in Grundzügen mit einem Fall schon in der Eingangsphase zu beschäftigen. Muß er diesen ersten Schritt ohnehin tun, dann liegt es für ihn nahe, entsprechend R. 16(a) Fed.R.Civ.P. (Draft) von Anfang an eine kontinuierliche Aufsicht und Beratung der Parteien während des Rechtsstreits zu übernehmen.

Die vorgestellten Neuregelungen insgesamt betrachtet lassen kaum einen anderen Schluß zu als den, daß damit dem Richter eine aktiv begleitende Rolle für das Vorverfahren zugedacht worden ist, die er so explicit jedenfalls nach den bisherigen Federal Rules of Civil Procedure nicht eingenommen hat. Das Advisory Committee erläutert dann auch in den Anmerkungen zum Änderungsvorschlag, daß mit der neuen Vorschrift die Betonung von einer conference mit Blickrichtung nur auf die Hauptverhandlung hin zu einer richterlichen Beaufsichtigung der gesamten pretrial-Phase verschoben werden soll.[57]

Die Status Conference war eine richterliche Fortentwicklung des Verfahrens, sie konnte nicht auf eine ausdrückliche Regelung in den Federal Rules of Civil Procedure gestützt werden. Entsprechend wurde sie auch nicht überall praktiziert, sie ist sozusagen eine verfahrensrechtliche Vorhut gewesen. Mit den neuen Rules 26(f) und 16 (Draft) Fed.R.Civ.P. wird jedem District Court Richter ein umfassendes pretrial-Instrumentarium, mit dem er das Verfahren zu lenken aufgerufen ist, wärmstens ans Herz gelegt. Es bleibt zwar bei Kann-Bestimmungen, die Intention der Vorschriften zusammengenommen ist aber so deutlich, daß sich auch abgeneigtere Richter einer gewissen Verfahrensbeteiligung kaum entziehen können. Das zur Status Conference Ausgeführte dürfte also in absehbarer Zukunft für das allgemein übliche Verfahren gelten.

---

(2) to serve and hear motions; and
(3) to complete discovery.
The scheduling order also may include
(4) the date or dates for a further scheduling conference, other conferences before trial, the final pretrial conference, and trial; and
(5) any other matters appropriate in the circumstances of the case.
The order shall issue as soon as practicable but in no event more than 120 days after filing of the complaint. A schedule shall not be modified except by leave of the judge upon a showing of good cause.

[57] Preliminary Draft (Fn. 54) S. 471; Pollack, Cutting the Fat from Pretrial Proceeding, 97 F.R.D. 319, 320—322 (1983).

4. Das Verfahren von der Discovery bis zur Final Pretrial Conference

Nachdem in der Early Pretrial/Discovery Conference Richter und Parteien die Leitlinien aufgestellt haben, wird die discovery selbst von den Parteien ohne Beteiligung des Richters betrieben. In aller Regel greift der Richter in das discovery-Verfahren nur auf Antrag einer der Parteien ein. In sehr komplexen Verfahren kann es ausnahmsweise vorkommen, daß ein Richter einen ‚Master' zur Leitung und Beaufsichtigung der discovery ernennt; die Rolle des Hilfspersonals mit richterlichen Teilbefugnissen wird in einem gesonderten Kapitel dargestellt werden.

5. Die Final Pretrial Conference

5.1. Die Entstehungsgeschichte

Die Einführung der Pretrial Conference in den Federal Rules of Civil Procedure von 1938 bedeutete eine wesentliche Verfahrensneuerung und setzte einen bis dahin ungewöhnlichen Akzent richterlicher Vorverfahrensbeteiligung. Bis ins 19. Jahrhundert hinein wurde die Hauptverhandlung in den anglo-amerikanischen Verfahren im wesentlichen durch die pleadings vorbereitet, einen der Hauptverhandlung vorausgehenden Erörterungstermin zur Feststellung des Sach- und Streitstandes gab es nicht.[1]

1868 kam es in Schottland, 1883 und 1893 in England zu Verfahrensänderungen. Eingeführt wurden (unter-)richterliche ‚hearings' — in Englang ‚summons for directions' genannt —, bei denen Beweisfragen und issues vorgeklärt und die pleadings im Hinblick auf die Hauptverhandlung ergänzt werden sollten. Anwälte und Richter brachten den Neuerungen nur mäßiges Interesse entgegen, so daß die hearings bald in Routine erstarrten und den Verfahrensablauf in praxi wenig änderten.[2]

In den Vereinigten Staaten folgte man den prozessualen Neuerungen der Staaten des Vereinigten Königreichs zunächst nicht. In der großen Field Code-Reform z. B. wurde das Gewicht auf vereinfachte plaedings, nicht auf eine richterliche Vorverfahrensbeteiligung gelegt. Zaghafte erste Versuche mit der dem englischen Verfahren nachgebildeten summons for directions im Staat New Jersey versandeten wieder.

Als Vorläufer und Vorbild der Pretrial Conference in den Federal Rules of Civil Procedure darf die im Circuit Court of Wayne County,

[1] Millar, Civil Procedure of the Trial Court, S. 229.

[2] Sunderland, The Theory and Practice of Pre-Trial Procedure, 36 Mich.L. Rev. 215, 221 (1937).

Detroit, Michigan (State Court) um 1930 herum entstandene ‚pretrial procedure' gelten. In diesem Gericht lagen die Richter in ihrer Fallerledigung um mehrere Jahre zurück. Ohne entsprechende Maßnahmen des Gesetzgebers und ohne Einbeziehung der englischen Erfahrungen entwickelten die Richter des Circuit Court eine Pretrial Conference. Diese fand ein paar Wochen vor der Hauptverhandlung unter Vorsitz eines Richters statt, für die Anwälte bestand Anwesenheitspflicht. In der Art einer informellen Besprechung wurden

— die Vollständigkeit der pleadings;
— die Möglichkeit, einander jedenfalls teilweise auf Tatsachen als wahr zu einigen; und
— Aussichten für einen Vergleich behandelt.

Das Ergebnis der Konferenz wurde in einem ‚pretrial report' als Wegweiser für die Hauptverhandlung festgehalten. Diese Verfahrensweise wurde bald, vor allem in großstädtischen Gebieten, von anderen Gerichten übernommen und fand auch Eingang in die Federal Rules of Civil Procedure.

Die Einführung der Pretrial Conference für die Federal District Courts wurde zum Teil enthusiastisch begrüßt. In zurückhaltenderen Kommentaren wurde sie als „eine der größten Möglichkeiten, die Wertschätzung der Laien für unser hervorragendes Gerichtswesen wiederzugewinnen oder zumindest zu erhalten"[3], bezeichnet. Auf das verlorene Vertrauen der Öffentlichkeit stellte auch Sunderland ab, er erwartete sich von einer offenen, geschäftsmäßigen und wirksamen Aufbereitung der wirklichen Streitpunkte durch die Pretrial Conference anstelle der traditionellen Versteckspielerei eine wieder zunehmende öffentliche Achtung für die Gerichtsinstitutionen.[4] Andere sahen in der Einführung der Pretrial Conference gar einen der bedeutenden Beiträge des zwanzigsten Jahrhunderts zur Verbesserung des Zivilprozeßwesens und zur Förderung einer wirksamen und schnellen Rechtspflege.[5]

Die Befürworter trafen auf nicht minder ausdrucksvolle Gegner, die der gesamten Entwicklung skeptisch, wenn nicht mißtrauisch gegenüberstanden. Aus diesen Reihen konnte man die Pretrial Conference als frühreifen Bastard des Rechts, ein Unglück, einen Witz, eine Zeit- und Geldverschwendung bezeichnen hören.[6]

---

[3] Bolitha J. Laws, Pre-Trial Procedure, 1 F.R.D. 397, 405 (1940).

[4] Sunderland (Fn. 2) S. 226.

[5] Clark v. Pennsylvania R. R. Comp., 328 F.2d 591, 594 (1964).

[6] Zusammengestellt bei Murrah, The Pretrial Conference; Conceptions and Misconceptions, 44 ABAJ 39 (1958).

Die Pretrial Conference hat sich als Verfahrensinstitution durchgesetzt. Seit dem Inkrafttreten der Federal Rules of Civil Procedure ist R. 16 Fed.R.Civ.P., in der die Pretrial Conference geregelt ist, nicht verändert worden. Eine Generalrevision steht derzeit kurz vor dem Abschluß. Das für die Erarbeitung von Änderungsvorschlägen zuständige ‚Committee on Rules of Practice and Procedure‘ der Judicial Conference hat 1981 einen völlig neu gefaßten Regelungsentwurf vorgelegt,[7] bislang gilt jedoch noch die Urfassung. Ich werde im Verlauf der Darstellung an geeigneter Stelle auf den Änderungsvorschlag eingehen.

5.2. Zeitpunkt und richterliche Anordnung der Pretrial Conference

Die Final Pretrial Conference liegt am Ende der discovery-Phase mit Blickrichtung auf die Hauptverhandlung und folgt dieser im Normalfall wenige Wochen voraus.[8] R. 16 Fed.R.Civ.P. ist nicht zwingend,[9] sondern stellt es in das Ermessen des Richters, eine Pretrial Conference einzuberufen.[10] Da es sich hierbei in den Augen so manchen amerikanischen Richters selbst heute noch — bald 50 Jahre nach der Einführung — um ein vergleichsweise neues, vom überlieferten Prozeßsystem abweichendes Verfahrenselement handelt, gibt es den einen oder anderen, der die Pretrial Conference mit äußerster Zurückhaltung in seine Verfahrensgestaltung einbezieht.[11] Dieser Minderheit steht eine weitaus überwiegende Zahl von Richtern gegenüber, bei denen die Pretrial Conference einen bedeutenden Platz im Verfahrensablauf einnimmt. In vielen Gerichtsbezirken gehört sie zum Routineverfahren, in manchen wird sie vorwiegend bei komplexeren Fällen anberaumt. Gerade in größeren Verfahren oder Prozessen mit unklarer Sach- und Rechtslage empfehlen manche Obergerichte dem District Court Judge sehr eindringlich, eine Pretrial Conference abzuhalten.[12] Deutlich wird der 3. Court of Appeals: „. . . the district court *failed* to *avail itself* of this *salutory procedure* (gemeint ist die Pretrial Conference). This courts has *consistently emphasized* the importance and *controlling nature* of *pretrial* procedures.“[13]

---

[7] Abgedruckt in 90 F.R.D. 451, 466 (1982).

[8] Im Handbook for Effective Pretrial Procedure, 37 F.R.D. 255, 269 (1964) wird ein Zeitraum von ein bis drei Wochen genannt.

[9] Mc Cargo v. Hedrick, 545 F.2d 393, 396 (1976); Hayden v. Chalfant Press, Inc., 281 F.2d 543, 544 f. (1960).

[10] R. 16 Fed.R.Civ.P. — In any action, the *court* may *in its discretion direct* the *attorneys* for the parties to *appear* before it for a conference to consider.

[11] Kaufmann, The Philosophy of Effective Judicial Supervision over Litigation, 29 F.R.D. 191, 207 (1962); Murrah (Fn 6) S. 39.

[12] Elder-Beerman Stores Corp. v. Federated Dept. Stores, Inc., 459 F.2d 138, 150 f. (1972); Schultz v. Cally, 528 F.2d 470, 475 (1975).

[13] Joiner Systems, Inc. v. AVM Corporation, Inc., 517 F.2d 45, 47 f. (1975).

In dem den Richtern an die Hand gegebenen Leitfaden für die Vorverfahrensgestaltung, dem ‚Handbook for Effective Pretrial Procedure', wird die Einberufung zumindest einer Pretrial Conference im Laufe des Verfahrens angeraten.[14] Das ‚Handbook' wurde von der Judicial Conference herausgegeben und darf als Ratgeber von einigem Gewicht angesehen werden.[15]

Bei der Erörterung, daß R. 16 Fed.R.Civ.P. dem Richter ein Ermessen über das ‚ob' einräumt, gerät allzu leicht aus dem Blickfeld, daß diese Vorschrift den Richter ermächtigt, von sich aus — ‚sua sponte' in der anglo-amerikanischen Rechtsterminologie — ohne Antrag der Parteien tätig werden zu können.[16] Das heißt, trotz der dogmatischen Konzeption vom adversary judge, der von den Parteien zu den einzelnen Verfahrenshandlungen veranlaßt wird, wurde eine Regelung in die Federal Rules of Civil Procedure aufgenommen, die dem Richter auch ohne Zustimmung der Parteien eine erhebliche Verfahrensleitungsfunktion ansinnt.

Die Art und Weise, wie die Pretrial Conference abgehalten wird, variiert von Richter zu Richter.[17] Manche bevorzugen die informelle Diskussion ‚in chambers', ohne Beteiligung eines Protokollführers und abseits der Augen der Öffentlichkeit. Als Hauptargument für diese Verfahrensweise wird angeführt, daß die Parteianwälte in einer weniger ‚offiziellen' Atmosphäre eher zu Zugeständnissen und einer offenen Verhandlungsführung bereit seien. Andere Richter ziehen dem ein förmlicheres Verfahren vor. Die Pretrial Conference findet in diesem Fall in Anwesenheit von Gerichtsdienern und Protokollbeamten statt, wobei das gesamte Decorum einer ordentlichen Gerichtsverhandlung gewahrt wird. Erreicht werden soll damit ein größerer Ernst und tieferer Respekt vor dem Gericht, was dessen Auftrag fördere, Wahrheit und Gerechtigkeit walten zu lassen. Es gibt auch Gerichte, bei denen von Fall zu Fall entschieden wird, in welchem Rahmen die Pretrial Conference abgehalten werden soll. Abgestellt wird dabei auf die Art und Bedeutung des Falls sowie die Verhandlungstechnik der Parteianwälte. Im Handbook for Effective Pretrial Procedure werden beide Modi als verfahrens-

---

[14] 37 F.R.D. 255, 263 (1964).

[15] „As one of the few generalized surveys of district court pretrial practices, the 1964 Handbook still is an influential guide for judges in formulating their own pretrial procedures.", Note, Pretrial Conference: A Critical Examination of Local Rules Adopted by Federal District Courts, 64 Va.L.Rev. 467, 474 (1978).

[16] Schwarzer weist darauf mit Nachdruck hin in, Managing Civil Litigation: The Trial Judge's Role, 61 Judicature 400, 403.

[17] Rosenberg, The Pretrial Conference and Effective Justice, S. 99 (die Untersuchung von Rosenberg bezieht sich auf das Verfahren vor staatlichen Gerichten in New Jersey, kann aber weitgehend auf das Verfahren vor den Bundesgerichten übertragen werden).

gerecht akzeptiert.[18] Letztendlich kommt es bei der Art der Verfahrensgestaltung weniger auf den theoretischen Überbau als auf Temperament und Vorlieben des jeweiligen Richters an; eine Musterkonferenz gibt es nicht.[19]

5.3. Einführende Überlegungen zur Funktion der Pretrial Conference

Gemäß R. 16 Fed.R.Civ.P. sollen die Parteianwälte unter Anleitung des Richters bei der Pretrial Conference folgendes behandeln:

— die Sach- und Rechtslage soll entwirrt und auf Überflüssiges soll verzichtet werden;

— es ist zu prüfen, ob die pleadings erweitert werden sollen oder müssen;

— es soll erörtert werden, ob sich die Parteien auf Teile des Sachverhalts als wahr einigen können, und ob Urkundenvorlage anerkannt wird, um eine unnötige Beweiserhebung zu verhindern;

— die Begrenzung der Sachverständigenzahl;

— die Verweisung an einen ‚Master' im Vorverfahren zur Klärung von Streitfragen, wobei die Ergebnisse dann in der Hauptverhandlung als Beweismittel eingeführt werden können;

— andere Belange, die die Verfahrensabwicklung fördern können.[20]

Unter den letzten Punkt werden vor allem auch Vergleichsgespräche subsumiert. Die Ergebnisse der Pretrial Conference werden vom Richter in einer ‚pretrial order' zusammengefaßt, deren Inhalt den weiteren Gang des Verfahrens bestimmt.[21]

Grundvoraussetzung für eine erfolgversprechende Pretrial Conference ist, daß neben den Anwälten, die wenige Wochen vor der Hauptver-

---

[18] Handbook (Fn. 8) S. 269 f.

[19] Rosenberg, Pretrial Conference (Fn. 17) S. 104.

[20] R. 16 Fed.R.Civ.P.

(1) The simplification of the issues;

(2) The necessity or desirability of amendments to the pleadings;

(3) The possibility of obtaining admissions of fact and of documents which will avoid unnecessary proof;

(4) The limitation of the number of expert witnesses;

(5) The advisability of a preliminary reference of issues to a master for findings to be used as evidence when the trial is to be by jury;

(6) Such other matters as may aid in the disposition of the action.

[21] R. 16 Fed.R.Civ.P. — The court shall make an order which recites the action taken at the conference, the amendments allowed to the pleadings, and the agreements made by the parties as to any of the matters considered, and which limits the issues for trial to those not disposed of by admissions or agreements of counsel; and such order when entered controls the subsequent course of the action, unless modified at the trial to prevent manifest injustice.

handlung mit dem Rechtsstreit vertraut sein sollten, auch der Richter vorbereitet ist und den Fall kennt.[22] Da in den pleadings die Darstellung der Tatsachen sehr kurz gefaßt ist und Rechtsausführungen fehlen, müssen die Parteien dem Gericht in der Regel ein detailliertes ‚pretrial memorandum' vorlegen. Darin sollte der Tatbestand, von dem die Parteien jeweils ausgehen, die Rechtslage mit den entsprechenden Vorschriften und Präzedenzfällen, die verfügbaren Beweismittel nebst voraussichtlichem Ergebnis und die zwischen den Anwälten schon getroffenen Vereinbarungen dargestellt werden.[23] Die Befugnis, ein derartiges memorandum verlangen zu können, ist expressis verbis nirgendwo in den Federal Rules of Civil Procedure geregelt. Sie wird entweder auf das allgemeine Verfahrensleitungsrecht des Richters oder auf eine speziell vom District Court gemäß R. 83 in Verbindung mit R. 16 Fed. R.Civ.P. erlassene ‚rule' gestützt.

Nicht unproblematisch ist, daß entgegen der für die pleadings geltenden Grundregel, nur Tatsachen darlegen zu müssen, Rechtsausführungen verlangt werden.[24] Die Ermittlung des anzuwendenden Rechts ist Sache des Gerichts. Rechtsausführungen können somit nur den Sinn haben, den Richter, der die rechtliche Seite auch seinerseits geprüft hat, mit den Vorstellungen der Parteien schon vorab vertraut zu machen und damit eine eingehendere Erörterung in der Pretrial Conference zu ermöglichen. Die allgemeine Funktion des pretrial memorandum besteht im übrigen nicht darin, die Pretrial Conference durch ein schriftliches Vorverfahren zu ersetzen, sondern dem Richter eine adäquate Grundlage zur Verhandlungsführung zu liefern.

Sofern ein Anwalt den gerichtlichen Weisungen zur pretrial Vorbereitung nicht folgt oder der Pretrial Conference gar fernbleibt, ist das Gericht berechtigt, eine Verfahrensstrafe (sanction) zu verhängen. Auch dieses Recht wird aus der allgemeinen richterlichen Verfahrensleitungsbefugnis (inherent power of the Court to regulate litigation before it) oder aus einer auf R. 83 Fed.R.Civ.P. gestützten District Court Rule hergeleitet. Die Sanktionsmaßnahmen reichen vom Ausschluß gewisser Angriffs- oder Verteidigungsmittel bis zur sofortigen Beendigung des Rechtsstreits durch Klageabweisung oder Urteil für den Kläger. Ob letz-

---

[22] W. F. Smith, Pretrial Conference — A Study of Method, 29 F.R.D. 191, 348, 350 (1962).

[23] Handbook (Fn. 8) S. 266; Peckham, The Federal Judge as a Case Manager: The New Role in Guiding a Case from Filing to Disposition, 69 Cal.L.Rev. 770, 786 (1981); Manbeck v. Ostrowski, 384 F.2d 970, 974 f. (1967), cert. den 390 U.S. 966.

[24] Das Problem wird in ähnlichem Zusammenhang in Mc Cargo v. Hedrick, 545 F.2d 393, 402 (1976) und Padovani v. Bruchhausen, 293 F.2d 546, 549 (1961) aufgeworfen.

teres in gewöhnlichen Fällen haltbar wäre, darf bezweifelt werden. Manche Local Rules reichen jedenfalls soweit.[25] Der Supreme Court betont, daß es beim Ausspruch einer Verfahrensstrafe auf die Abwägung der Gesamtumstände ankommt. Ob die unentschuldigte Abwesenheit eines Anwalts von der Pretrial Conference allein eine Klageabweisung rechtfertigen würde, hat der Supreme Court offengelassen, Sanktionsmöglichkeiten grundsätzlich aber bestätigt.[26] Fraglich wäre eine Klageabweisung auch, wenn der Anwalt zwar erscheint, aber unvorbereitet ist. Vor kurzem hatte ein District Court in einem solchen Fall, bei dem der Klägeranwalt wiederholt Weisungen für eine pretrial Vorbereitung nicht gefolgt war, die Klage wegen mangelnder Rechtsverfolgungsabsicht abgewiesen. Der Court of Appeals hob diese Entscheidung auf,[27] der District Court-Richter kam nochmals mit dem Hinweis darauf, daß er sich der Bedeutung dieses äußersten Mittels bewußt sei, zum selben Ergebnis.[28] Unter dem Gesichtspunkt des äußersten Mittels scheint bei exzessiven Fällen eine Klageabweisung jedenfalls gerechtfertigt, wobei sogar eine entsprechende Entscheidung des Gerichts ohne Antrag der gegnerischen Partei für möglich gehalten wird.[29]

Zusammengefaßt lassen sich die Grundvoraussetzungen für die Pretrial Conference so skizzieren: Ein durch pleadings und pretrial memorandum über den anliegenden Rechtsstreit orientierter Richter trifft auf Parteianwälte, die auch ihrerseits den Fall im Griff haben und bevollmächtigt sind, für die Parteien zu verhandeln und eventuell Kompromisse einzugehen.[30]

Die Parteien selbst spielen in der Regel eine untergeordnete Rolle. R. 16 Fed.R.Civ.P. sieht nur die Anwesenheit der Parteianwälte bei der Pretrial Conference vor. Die Parteien können daneben hinzugezogen werden, ihre Teilnahme ist unproblematisch. Die Frage der nicht anwaltlich vertretenen Partei wurde bislang kaum erörtert. Erst im Entwurf für die revidierte R. 16 Fed.R.Civ.P. wurde klargestellt, daß sowohl Parteianwälte wie auch nicht anwaltlich vertretene Parteien zur Pretrial Conference geladen werden können.[31]

---

[25] Van Bronkhorst v. Safeco Corp., 529 F.2d 943, 951 (1976); Dalrymple v. Pittsburgh Consolidation Coal Co., 24 F.R.D. 260, 262 (1959).

[26] Link v. Wabash R.R. Co., 370 U.S. 626, 634, 82 S.Ct. 1386, 8 L.Ed. 2d 734 (1962). — Vorgelegt wurde ein Fall, bei dem der Klägeranwalt nicht zur Pretrial Conference erschien, im Laufe des Verfahrens bis dahin aber schon weitere Nachlässigkeiten aufgetreten waren.

[27] Titus v. Mercedes Benz of North America, 695 F.2d 746 (1982).

[28] Titus v. Mercedes Benz of North America, 96 F.R.D. 404 (1982).

[29] Delta Theatres Inc. v. Paramount Pictures, Inc., 398 F.2d 324, 325 (1968).

[30] Peckham (Fn. 23) S. 786.

[31] R. 16(a) Fed.R.Civ.P. (Draft) (Fn. 7).

5.4. Die einzelnen Funktionen der Pretrial Conference

5.4.1. Die Erörterung der Sach- und Rechtslage

Im Mittelpunkt der Pretrial Conference steht die Erörterung der Sach- und Rechtslage. Nachdem pleadings und pretrial memoranda dem Gericht schon vorliegen, bekommen die Parteianwälte eingangs nochmals die Gelegenheit, jeweils die Sach- und Rechtslage stichpunktartig darzustellen.[32] Die schriftlichen und mündlichen Erklärungen der Parteien sollten — zumindest zusammengenommen — einen umfassenden Aufschluß über die Tatsachen- und Rechtsansichten der Parteien geben.[33] Halten sie Informationen zurück, dann laufen sie Gefahr, daß ein nachgeschobenes Vorbringen als verspätet zurückgewiesen wird (Einzelheiten dazu bei der Abhandlung der pretrial order).

Obwohl die letztendliche Verantwortung für die Fallvorbereitung und -darstellung bei den Parteien liegt,[34] ist bei der Besprechung der ‚issues' das Verhalten des Richters der Schlüssel zum Erfolg.[35] Er ist aufgerufen, eine aktive Führerrolle zu übernehmen, nicht mehr Schiedsrichter, sondern Verfahrensregler zu sein, der (Mit-) Verantwortung für die Fallaufbereitung übernimmt.[36]

Die Erörterung der Sach- und Rechslage hat mehrere Zielrichtungen. Zunächst soll der tatsächliche und rechtliche Hintergrund aufgeklärt werden. Dann muß sich der Richter darum bemühen, die Parteivorträge von ‚totem Holz'[37] zu befreien. Schließlich soll er bei den Parteien darauf hinwirken, sich so weit wie möglich auf ein gemeinsames Tatsachenvorbringen zu einigen, um insoweit auf eine Beweiserhebung verzichten zu können.

5.4.1.1. Die Aufklärung der Sach- und Rechtslage

Die Mitwirkung des Richters bei der Aufklärung der Sach- und Rechtslage darzustellen, ohne sich vorher noch einmal der dogmatischen Grundvorstellungen zu erinnern, die das Zivilverfahren beherrschen, kann leicht zu falschen Akzentsetzungen führen. Deswegen stelle ich der dann folgenden Erörterung eine prägnante, wenn auch überzeichnete

---

[32] Handbook (Fn. 8) S. 270.

[33] Payne v. S. S. Nabob, 302 F.2d 803, 806 f. (1962); Cherney v. Holmes, 185 F.2d 718, 721 (1950).

[34] Titus v. Mercedes Benz of North America, 96 F.R.D. 404, 405 (1982).

[35] Rosenberg, Pretrial Conference (Fn. 17) S. 126.

[36] Murrah (Fn. 6) S. 40; Wright, The Pretrial Conference, 28 F.R.D. 141 (1962); Brennan, Introduction to the Problem of the Protracted Case, 23 F.R.D. 319, 376, 379 (1959); Padovani v. Bruchhausen, 293 F.2d 546, 550 (1961); Buffington v. Wood, 351 F.2d 292, 298 (1965).

[37] To eliminate ‚dead wood', Handbook (Fn. 8) S. 270.

Verfahrenscharakterisierung aus einem Urteil des 4. Court of Appeals voraus: „Unser Rechtssystem ist von Parteiherrschaft und -gegnerschaft geprägt. In unserem System kümmern sich die Anwälte um die Zeugen. Nicht das Gericht. Die Anwälte sorgen sich um die Beweismittel. Nicht das Gericht ... Die Anwälte bereiten den Rechtsstreit für die Hauptverhandlung vor. Nicht das Gericht."[38] Mögen im einzelnen auch manche Korrekturen an dem Zitierten angebracht sein, eins ist wenig umstritten: Es ist Pflicht und Aufgabe der Parteien, die Tatsachen, auf die sie den Anspruch stützen oder aufgrund derer sie ihn zu Fall bringen wollen, aufzuführen und die entsprechenden Beweismittel dafür anzubieten. Dieser Pflicht der Parteien steht ein weites Ermessen des Richters gegenüber, inwieweit er sich durch Ratschläge und Hinweise an der Fallentwicklung beteiligen will.[39] Das Leitungs- und Beratungsrecht des Richters verdichtet sich in den seltensten Fällen zu einer Aufklärungspflicht. Des ungeachtet darf man davon ausgehen, daß der Richter den Parteien durch die Vorverfahrensphase hindurch ein kritischer Begleiter ist, der sein Verfahrensleitungsrecht auch zur Anleitung der Parteien einsetzt. Neben das Motiv, das (der adversary-Idee nach) freie Spiel der Kräfte durch Gerechtigkeitsaspekte anzureichern, tritt das Eigeninteresse des Richters, einen Prozeß zügig führen und in der Erledigungsstatistik abhaken zu können.

In der Hauptverhandlung (Trial) sollen die issues, der Sach- und Rechtsstand, übersichtlich aufbereitet zutage liegen. Die pretrial-Phase von der Status Conference über die discovery dient dem Zweck, die tatsächliche Lage aufzuklären, Beweismittel zu sichten. Die Pretrial Conference ist dann das Eingangstor zum Trial, auf ihr werden durch eine allgemeine Bestandsaufnahme in tatsächlicher wie rechtlicher Hinsicht die Weichen für eine effektive Hauptverhadlung gestellt.

Sofern dies nicht schon auf der Status Conference erörtert und geklärt wurde, ist die Pretrial Conference der geeignete Ort, Unklarheiten und Unzulänglichkeiten der pleadings, die Zweifel über die Zuständigkeit des Gerichts entstehen lassen, zu besprechen und die pleadings gegebenenfalls zu ergänzen.[40]

Auf dem Hintergrund geringer Anforderungen an die pleadings wird die Pretrial Conference zum Dreh- und Angelpunkt bei der Sachver-

---

[38] Mc Cargo v. Hedrick, 545 F.2d 393, 401 (1976).

[39] „A district judge is given *broad discretion* in supervising the pre-trial phase of litigation ...", Federal Deposit Insurance Comp. v. Glickman, 450 F.2d 416, 419 (1971); „Trial court has *wide and flexible discretion* in daily guidance of a case through preparatory stages ...", Mitchell v. Johnson, 274 F.2d 394, 395 (1960).

[40] Junious v. Food Transport, Inc., 258 F.Supp. 508, 510 f. (1966); Schultz v. Cally, 528 F.2d 470, 475 (1975).

haltsabklärung.[41] Sie ist der geeignete und notwendige Zeitpunkt, streitigen wie unstreitigen Sachverhalt hauptverhandlungsreif vorzuklären.[42] Für den Richter besteht ein wesentliches Ziel bei der Erörterung der tatsächlichen Lage darin, den Parteien bei der Feststellung des entscheidungserheblichen Sachverhalts im Hinblick auf die Hauptverhandlung zu helfen.[43] Dabei soll er sich nicht mit dem Tatsachenmaterial, das ihm die Parteien vorlegen, ohne weitere Analyse zufrieden geben. Mit Sachkenntnis und Phantasie kann er deren Darstellung auf Lücken und Unstimmigkeiten überprüfen.[44] Zu den Empfehlungen, die Rosenberg den Richtern als Ergebnis seiner Untersuchung mit auf den Weg gegeben hat, gehört die Aufforderung, allgemein gehaltene Ausführungen von Anwälten nicht durchgehen zu lassen und nach klar umrissenen Einzelheiten zu bohren.[45] Bei einer Klage wegen einer Sorgfaltspflichtverletzung zum Beispiel, bei der lediglich ausgeführt wird, das Produkt sei schadhaft gewesen, soll der Richter erfragen, ob ein Ausstattungs-, Material- oder Herstellungsfehler behaupten wird.[46] Um nicht in der Hauptverhandlung durch einen neuen Tatsachenvortrag überrascht zu werden, soll der Richter die Darstellung der Parteien auch daraufhin überprüfen, ob nicht noch im Verborgenen Tatsachen lauern, die den geltend gemachten Anspruch begründen, vernichten oder einen anderen in Frage kommen lassen könnten.[47] Logische Schwächen im Vortrag, mangelhaft dargetane Beweismittel oder gar nicht unter Beweis gestellte Behauptungen soll der Richter offenlegen und versuchen, den Tatsachenvortrag auf den eigentlichen Kern zu reduzieren.[48] Dies kann er sehr wirkungsvoll dadurch fördern, daß er die vorgesehenen Beweismittel Stück für Stück auf ihren (voraussichtlichen) Gehalt abklopft und in der Erörterung mit den Parteien die Beweiskraft jedes einzelnen Beweismittels kritisch beleuchtet. Er kann und soll die Parteien deutlich darauf hinweisen, welche Anforderungen er an die angebotenen Beweismittel in der Hauptverhandlung stellt.[49] Diese Methode ist geeignet, das ‚tote Holz‘ aus dem Tatsachenvortrag zu entfernen.[50]

---

[41] Meadow Gold Products Co. v. Wright, 278 F.2d 867, 868 (1960).

[42] Century Refining Company v. Hall, 316 F.2d 15, 19 (1963).

[43] Ely v. Reading Company, 424 F.2d 758, 762 f. (1970).

[44] Murrah (Fn. 6) S. 40; Handbook (Fn. 8) S. 270.

[45] Rosenberg, Pretrial Conference (Fn. 17) S. 128.

[46] Ebd., S. 126.

[47] Lynn v. Call, 261 F.2d 130, 132 (1958) „... purpose of a pretrial conference is to sift the discovered and *discoverable* facts ...“

[48] Wright, The Pretrial Conference, 28 F.R.D. 141 (1962).

[49] Shuber v. S. S. Kresge Company, 458 F.2d 1058, 1061 (1972).

[50] Solomon, Techniques for Shortening Trials, 65 F.R.D. 458, 491 (1975).

In der gesamten Erörterung des Tatsachenmaterials werden die Anwälte in der Rolle des durch die subjektive Brille blickenden Parteivertreters — mit den entsprechenden Verengungen — gesehen, während dem Richter die Rolle des den gesamten Fall überblickenden Aufklärers zukommt.[51] Wright meint, der Richter führe die auseinanderstrebenden Widersacher zu den issues zurück und zeige ihnen, wo die eigentlichen Streitfragen lägen.[52]

Jura novit curia; das Gericht hat bei der Entscheidungsfällung das Recht aus eigenem Wissen anzuwenden.[53] Aus der bisherigen Abhandlung ließ sich schon erkennen, daß der Rechtsbegriff ‚issues' zweierlei beinhaltet, nämlich Sach- und Rechtslage. Wenn von den Parteien verlangt wird, die issues darzutun, dann ist in erster Linie, vor allem bei den pleadings, der rechtstatbestandsbegründende Sachverhalt gemeint. Daneben ist aber auch, oft kaum voneinander zu trennen, der zum Sachverhalt gehörende rechtliche Hintergrund ‚issue'. Von den Parteien wird erwartet, daß sie in den vom Richter zu seiner Information eingeholten Memoranda, die die Pretrial Conference vorbereiten helfen, auch Rechtsausführungen machen. Mögen auch die diesbezüglichen Anmerkungen in dem oben schon zitierten Urteil des 4. Court of Appeals eindeutig sein: „Yet if there is any characteristic of the federal rules (and indeed of code pleading generally) which is well settled, it is that *a plaintiff pleads facts and not law and that the law be applied by the court* . . ."[54], die herrschende pretrial-Praxis entspricht dem nicht. Da mihi factum, dabo tibi ius gilt für die Fallentwicklung in der pretrial-Phase nur eingeschränkt. Sehr pragmatisch werden die erwünschten Rechtsausführungen unter die Prozeßförderungspflicht der Parteien gefaßt. Diese Auffassung, wonach der Richter das Recht zwar kennen sollte, es aber zweckmäßig sei, wenn der Anwalt bei der Erkundung der Rechtsgrundlagen mithilft, ist im Wesen und in den Eigenheiten des case law begründet.[55] Die vorstehenden Erläuterungen sollen helfen, die folgende Darstellung über den Umfang der Rechtsaufklärung vor Fehlinterpretationen zu bewahren.

Die Aufklärung des Sachverhalts und die Erörterung der Rechtslage gehen ineinander über. Der für die Entscheidung erhebliche Sachverhalt läßt sich nur auf dem Hintergrund der in Frage kommenden Rechtsnormen bestimmen und von Unwesentlichem abgrenzen. Der Richter ver-

---

51 Handbook (Fn. 8) S. 270.

52 Wright (Fn. 48) S. 141.

53 Ind. Dev. Bd. of Tn. of Section, Ala. v. Fuqua Indus., 523 F.2d 1226, 1240 (1975).

54 Mc Cargo v. Hedrick (Fn. 38) S. 402.

55 Mc Cormick, Evidence, § 335 (S. 776).

hält sich demnach bei der Diskussion der rechtlichen Aspekte nicht anders als bei der Tatsachenaufklärung; das dazu Ausgeführte gilt in wesentlichen Zügen auch hier.

Im Verlauf der pretrial-Erörterung soll die Rechtslage klar und deutlich herauskristallisiert und formuliert werden.[56] Die Parteien tragen zunächst ihre jeweiligen Rechtsansichten vor. Darauf folgt die Besprechung mit dem Richter, der den Fall seinerseits unabhängig von den Parteien rechtlich geprüft haben sollte. Sofern diese nach seiner Meinung den ‚springenden Punkt' nicht getroffen haben, wird er sie darauf hinweisen.[57] Hatten sich schon während der Status Conference erste Anzeichen dafür ergeben, daß eine oder beide Parteien in ihren Rechtsansichten ‚schief' liegen, dann sollte ein derart vorgewarnter Richter in der Final Pretrial Conference um so sorgfältiger und ausführlicher auf die rechtliche Lage eingehen.[58] Solange er dabei seine Unparteilichkeit wahrt, kann der Richter eine Partei durchaus auf Schwächen in der rechtlichen Argumentation aufmerksam machen, mit ihr das ‚ob' und ‚wie' einer Verbesserung erörtern[59] oder einen Verzicht auf ein Angriffs- oder Verteidigungsmittel empfehlen.[60]

Nicht nur die von Parteien schon dargelegten rechtlichen Erwägungen, sondern auch alternative oder nur eventuell in Frage kommende Anspruchsgrundlagen sollten spätestens in der Pretrial Conference in den Rechtsstreit eingeführt werden.[61] Haben die Parteien solche rechtlichen Aspekte übersehen, dann kann der Richter sie darauf hinweisen. So zum Beispiel, wenn nur eine unerlaubte Handlung vorgetragen wurde, daneben aber auch eine Vertragsverletzung zu überlegen wäre.[62] Rosenberg hat diese Fallgestaltung mit der sich daraus ergebenden Frage, ob der Richter entsprechende aufklärende Hinweise geben soll, nicht eindeutig beantwortet; er beläßt es bei einem Fragezeichen.

Revisionsgerichtliche Entscheidungen auf dem Gebiet richterlicher pretrial-Handlungen sind rar.[63] Es darf aber angenommen werden, daß wegen des weiten Ermessens, das dem District Court Richter bei seiner Vorverfahrensgestaltung eingeräumt wird, eine Aussicht auf eine er-

---

[56] Blanken v. Bechtel Properties Corp., 194 F.Supp. 638, 641 f. (1961).

[57] Wright (Fn. 48) S. 141 „... it's the judge who shows them (den Parteien) where the point of the case is ..."

[58] Peckham (Fn. 23) S. 782.

[59] Scurlock, Actual Pretrial Experience of the Attorney, 29 F.R.D. 191, 323, 328 (1962).

[60] Solomon (Fn. 50) S. 461.

[61] Carlock v. National Co-Operative Refinery Association, 424F.2d 148, 150 (1970).

[62] Rosenberg, Pretrial Conference (Fn. 17) S. 129.

[63] Peckham (Fn. 23) S. 790.

folgreiche Revision weder auf aufklärende Hinweise noch auf deren Unterlassen begründet werden könnte.[64] Es liefe jedoch der Aufklärungsfunktion der Pretrial Conference zuwider, wenn ein Richter sehenden Auges eine Partei in eine prozessuale Sackgasse rennen ließe. Denn eine erst in der Hauptverhandlung geltend gemachte Anspruchsgrundlage könnte als verspätet nicht mehr zugelassen werden, weil vorher weder die pleadings entsprechend ergänzt noch die neue ‚issue' in die pretrial order aufgenommen worden war.[65]

Neben den materiellrechtlichen Fragen werden schließlich auch noch anstehende prozeßrechtliche Probleme geklärt und, sofern möglich, unmittelbar vom Richter entschieden, um ‚freie Bahn' für die Hauptverhandlung zu haben.[66]

5.4.1.2. Die sich aus R. 16 Fed.R.Civ.P. ergebenden Beschränkungen, Sach- und Rechtslage festzustellen

Unter diese Überschrift fallen mehrere Eingrenzungsaspekte:

— Welche Grenzen sind dem Richter bei der Aufklärung des Sachverhalts gesetzt?

— Welche Befugnisse hat der Richter, die Parteien zu einer Tatsachenübereinkunft (stipulation) zu veranlassen?

— Kann der Sachverhalt soweit aufgeklärt werden, daß auf die Pretrial Conference ein Endurteil folgt?

5.4.1.2.1. Die Grenzen der Sachverhaltsaufklärung

Die Pretrial Conference soll eine allgemeine Bestandsaufnahme der Sach- und Rechtslage gewährleisten, um, und das ist der entscheidende Aspekt bei der folgenden Erörterung, die Hauptverhandlung (Trial) umfassend vorzubereiten. Pretrial und Trial müssen arbeitsteilig koordiniert werden. Anzustreben sind nicht zwei gleichartige Verfahren und damit eine Verdopplung, sondern die Verzahnung zweier verschiedenartiger Funktionsbereiche. Aufgabe der Pretrial Conference ist, die entscheidungserheblichen ‚issues' zu bestimmen, nicht aber die aufgeklärten und festgestellten Streitfragen auch endgültig zu lösen.[67] Über eine

[64] Federal Deposit Ins. Co. v. Glickman (Fn. 39) „... absent of showing clear abuse of such discretion the exercise thereof will not be disturbed on appeal."

[65] „... intent and purpose of ... Rule 16 ... would be frustrated by having this court consider legal theories which were not raised in the pretrial procedure.", Hooper v. Guthrie, 390 F.Supp. 1327, 1332 f. (1975).

[66] Solomon (Fn. 50) S. 491.

[67] „... neither may a pretrial conference take the place of a regular trial.", Berger v. Brannan, 172 F.2d 241, 242 (1949); „... pretrial is never to be used as a substitute for trial: The Court is not empowered to resolve disputed issues of fact ...", Pifcho v. Brewer, 77 F.R.D. 356, 357 (1977).

logische Überprüfung hinaus darf in der Pretrial Conference nicht auch der Wahrheitsgehalt der Parteivorbringen geklärt werden, dies ist Aufgabe der Hauptverhandlung.[68] Die Beachtung der beschriebenen Funktionsaufteilung zwischen Pretrial Conference und Trial hat unter anderem einen verfahrensdogmatischen Grund: In allen common law-Fällen obliegt die Tatsachenentscheidung grundsätzlich einer Jury, dem Richter nur dann, wenn die Parteien auf die Jury verzichten. Die strikte Trennung zwischen der Zuständigkeit des Richters für ‚law' einerseits und der Jury für ‚facts' andererseits würde durchbrochen, wenn ein Richter schon in der Pretrial Conference einen bestrittenen Tatsachenvortrag als wahr oder unwahr qualifizieren könnte. Obwohl in equity-Prozessen diese Erwägung an sich nicht durchgreift, gilt auch hier die strenge funktionelle Unterscheidung zwischen Vorverfahrenskonferenz und Hauptverhandlung. Denn auf jeden Fall ist der eherne Grundsatz ‚every litigant is entitled to his day in court' zu beachten, wobei ‚day in court' Gerichtstag (Trial) bedeutet.[69]

Aus den oben dargelegten Grundsätzen folgt, daß der Richter zwar die von den Parteien vorgelegten Beweismittel sichten und sich die voraussichtlichen Aussagen der Zeugen von den Parteien schildern lassen kann, um einen Überblick über das Tatsachengeschehen zu bekommen, er aber in der Pretrial Conference nicht Beweis erheben kann. So fanden sich auch nur zwei Entscheidungen über eine Beweiserhebung in der Pretrial Conference.

Der Sachverhalt der einen: Der Richter erwägt, einen Sachverständigen zu ernennen. Um eine entsprechende Entscheidungsgrundlage zu gewinnen, bestellt er einen nicht prozeßbeteiligten Dritten zur Befragung in die Pretrial Conference.[70] Die Auskunftsperson wird zwar nicht als Zeuge bezeichnet, da es aber um die Aufhellung des streitbefangenen Sachverhalts geht, hat sie zumindest die Funktion eines Zeugen. Diese Entscheidung hat keine Anhänger oder Nachfolger gefunden.

Zum Sachverhalt der zweiten Entscheidung: Der Richter läßt einen nicht prozeßführenden Dritten in der Pretrial Conference aussagen und verwendet die Aussage als Beweismittel (um am Ende der Pretrial Conference ein von niemandem beantragtes Endurteil zu erlassen; dieser Aspekt wird unten noch zu erörtern sein). Der Court of Appeals hat die Entscheidung aufgehoben und das geschilderte Verfahren folgenderma-

---

[68] Reynolds Metals Co. v. Metals Disintegrating Co., 176 F.2d 90, 92 (1950).

[69] Cohn, Der englische Gerichtstag, Arbeitsgemeinschaft für Forschung des Landes NRW, Heft 56, Köln 1956, S. 18

[70] „... pretrial conference ... at which time the court will interrogate Eckenrode (der ‚Zeuge') in order to elicit such information ...", Dinsel v. Pennsylvania R.R. Comp., 144 F.Supp. 880, 883 (1956).

ßen bewertet: „... ‚oral statements' by ‚witnesses' in a pretrial conference opens a Pandora's box not in contemplation by those who so wisely conceived pretrial procedures as a medium of expediting the trial of cases and not as a substitute for the regular trial process."[71]

Dem Richter ist nicht nur verwehrt, in der Pretrial Conference selbst Beweis erheben zu können, er ist darüber hinaus auch nicht befugt, von den Parteien Informationen über deren Vorermittlungen zur Zeugengewinnung zu verlangen. In einem Rechtsstreit gegen die Firma IBM wegen deren vermuteter überragender Marktstellung, einem extrem umfangreichen und komplizierten Verfahren, hatte ein Richter in einer Pretrial Conference eine Woche vor Beginn des Hauptverfahrens angeordnet, daß bei der weiteren Suche nach geeigneten Zeugen die jeweiligen Personen nur befragt werden dürften, wenn ein Gerichtsstenograph die Befragung protokolliert.[72] Er wollte also Vorermittlungen wie ‚depositions' behandelt wissen. Die Protokolle sollten dazu dienen, dem Richter einen den Anwälten gleichen Wissensstand zu gewährleisten.[73] Diese Anordnung war nach der Entscheidung des Revisionsgerichts nicht von den richterlichen pretrial-Befugnissen gedeckt. Es führte aus, daß es zwar wesentlich für das Gericht sei, Entscheidungen auf einer möglichst umfassenden Informationsgrundlage treffen zu können. Schließlich beinhalte das Zivilverfahren wie sein strafrechtliches Gegenstück die Suche nach Wahrheit.[74] Das Informationsbegehren des Richters finde aber seine Grenzen im Recht der Parteianwälte, einen Rechtsstreit nach ihren Vorstellungen vorbereiten zu können. Dieses Recht werde um so umfassender, je weiter die Vorbereitungen vom eigentlichen Gerichtsverfahren entfernt seien und je weniger überhaupt abzusehen sei, was daraus in den Prozeß einfließe.[75].

Der Richter muß also die Informationsgewinnung selbst — von den Leitlinienbefugnissen in der Discovery/Status Conference abgesehen, die eher auf eine Informationsbegrenzung zielen — den Parteien überlassen. Eine Beweiserhebung in der Pretrial Conference ist auch ausgeschlossen. Es bleibt demnach noch zu untersuchen, ob der Richter die Parteien anweisen kann, eine nach seiner Ansicht ungenügende discovery zu erweitern oder im Fall einer fehlenden discovery eine solche durchzuführen.

Gemäß R. 16 Fed.R.Civ.P. sind die Parteien verpflichtet, „to appear ... for a conference to consider

[71] Lynn v. Smith, 281 F.2d 501, 506 (1960).

[72] International Business Machines Corp. v. Edelstein, 526 F.2d 37 (1975).

[73] Ebd., S. 41.

[74] Ebd., S. 42, 44.

[75] Ebd., S. 42.

(1) The simplification of issues

(2) The possibility of obtaining admissions of fact and of documents which will avoid unnecessary proof."

Läßt sich aus dem Inhalt dieser Regelung und der Tatsache, daß das Gericht über das Ergebnis der Pretrial Conference eine für das weitere Verfahren verbindliche ‚order' erlassen soll, eine Befugnis des Richters herleiten, eine ihm adäquat erscheinende discovery verlangen zu können? Gestützt auf die zitierte Vorschrift sind der dritte und der siebte Court of Appeals zu entgegengesetzten Ergebnissen gekommen. Die entscheidende Stelle der älteren Entscheidung des dritten Court of Appeals lautet wie folgt: „To make pretrial effective, *district courts* must have *full power* to *require complete discovery*."[76] Zur Begründung führen die Revisionsrichter aus, daß dem Wortlaut der R. 16 Fed.R.Civ.P. zwar nur zu entnehmen sei, daß die Parteien verpflichtet sind, zur Pretrial Conference zu *erscheinen*, um die oben genannten Punkte zu *erwägen* (... to appear to consider ...). Nachdem aber in der ‚pretrial order' die Abwägungsergebnisse zusammengefaßt werden sollen, sei die ganze Pretrial Conference sinnlos, wenn gar kein Material vorliege, das man erörtern könne. Das pretrial-Verfahren müsse von den Gerichten voll genutzt werden dürfen, „otherwise, the orderly administration of justice will be removed from the trial court and placed in the hands of counsel."[77] Das Ergebnis dieses Urteils ist weniger aus dem Wortlaut der R. 16 Fed.R. Civ.P. als aus dem den Revisionsrichtern vorschwebenden Bild eines zeitgemäßen District Court-Richters entwickelt worden.[78] Der Richter, nicht die Parteien sollen das Verfahren beherrschen, die wirklichen Streitpunkte sollen in der Hauptverhandlung entschieden werden können. Der Kernsatz der jüngeren Entscheidung des siebten Court of Appeals liest sich so: „The language of the rule (R. 16 Fed.R.Civ.P.) does *not* ... *confer* upon the *court* the *power* to *compel* the litigants to obtain admissions of fact."[79] Der Wortlaut der R. 16 Fed.R.Civ.P. übertrage dem Richter nur das Recht, die Parteien zu zwingen, die Durchführung

[76] Buffington v. Wood, 351 F.2d 292, 297—299 (1965).

[77] Buffington (Fn. 76) S. 298, pikanterweise ein Zitat des siebten Court of Appeals, der später ganz anders entscheiden sollte.

[78] Wie der Bezug auf folgendes Zitat verdeutlicht: „Necessarily, pretrial procedure envisages the invocation of initiative on the part of the judge. It transforms him from his traditional role of moderator passing on questions presented by counsel, to that of an active director of litigation. One of its principal functions is to ascertain the real points in dispute, to strip the controversy of nonessentials, ... By exercising his authority to the fullest extent in this direction, the pretrial judge not only advances the cause of the administration of justice, but also enhances the respect for the courts on the part of the public.", Buffington (Fn. 76) S. 298.

[79] Identiseal Corp. v. Positive Idenfication, 560 F.2d 298, 302 (1977).

der discovery zu erwägen.[80] Diese etwas spitzfindig herausgearbeitete Befugnis ist mangels Kontroll- und Sanktionsmöglichkeiten inhaltsleer.

Wie die Richter des dritten Court of Appeals heben dann auch die des siebten im wesentlicheren Teil der Begründung auf ihr Verständnis von der Rolle des Richters und die dahinter stehende Verfahrensphilosophie ab. Sie meinen, viel mehr die Parteien als der Richter sollten das Verfahren in seinem Ablauf planen dürfen, das entspreche der traditionellen Auffassung.[81] R. 16 Fed.R.Civ.P. ziele auf eine umfassende Beratung mit den Parteien, enthalte aber keine richterlichen Befugnisse, sie zu einem bestimmten Verfahrensvorgehen zu zwingen.[82] Beide Entscheidungen verweisen darauf, das das Ergebnis mit den Vorstellungen vom adversary system übereinstimme, ja gerade deswegen so habe ausfallen müssen.[83] Es läßt sich auch nicht behaupten, daß eines der beiden Urteile den regelmäßigen Ablauf des Verfahrens nicht mehr widerspiegle. Man muß vielmehr davon ausgehen, daß sich die District Court Richter innerhalb der oben dargestellten Bandbreite bewegen, in ihrer Verfahrensgestaltung nicht nur dem Brauch des jeweiligen Gerichtsbezirks, sondern auch ihren juristischen und politischen Ansichten wie ihrem Temperament folgend.

5.4.1.2.2. Die Befugnisse des Richters, die Parteien zu Tatsachenübereinkommen zu veranlassen

Zu den Programmpunkten der Pretrial Conference gehört die Erörterung einer Tatsachenübereinkunft (stipulation) der Parteien.[84] Diese können sich nur über Fragen der Sachverhaltsdarstellung einigen, die Bestimmung der anzuwendenden Rechtsgrundlagen ist ihnen verwehrt und obliegt einzig und allein dem Gericht.[85] Auf den ersten Blick haben solche Parteivereinbarungen nichts mit einer richterlichen Fallaufklä-

---

[80] „The limit of the court's power was to compel plaintiff to consider the possibility of conducting discovery.", ebd., S. 302.

[81] Our decision is predicated on more than the absence of express authority in Rule 16 authorizing compulsory discovery. It is also based on the traditional principle that the parties, rather than the court, should determine litigation strategy.", ebd., S. 302.

[82] „We noted that Rule 16 was noncoercive in nature, ...", ebd., S. 302.

[83] Siehe die Beteuerung des dritten Court of Appeals: „This is not to say that inroads on the concept of the adversary system are to be countenanced.", Buffington (Fn. 76) S. 298.

[84] R. 16 Fed.R.Civ.P. ... to consider ...

(3) The possibility of obtaining admissions of fact and of documents which will avoid unnecessary proof.
The Court shall make an order which recites ... the agreements made by the parties as to any of the matters considered ...

[85] Smith, Kirkpatrick & Co. v. Continental Autos, Ltd., 184 F.Supp. 764, 766 (1960).

rungbefugnis zu tun. Sie fallen jedoch sehr wohl darunter, wenn dem Richter das Recht zustünde, die Parteien zu einer Übereinkunft zu zwingen und damit indirekt die Sachverhaltsdarstellung in der Hauptverhandlung mitbestimmen zu können.

Häufig erreicht der Richter eine Übereinkunft der Parteien über gewisse Punkte des Sachverhalts nach einem regen ‚Frage-Antwort-Spiel' zwischen ihm und den Anwälten. In einer wenig förmlichen ‚give and take' Atmosphäre werden die Sachverhaltsdarstellungen auf Übereinstimmungen und Differenzen hin abgeklärt. Soweit es der Richter bei einem bohrenden Nachfragen beläßt und sich die Parteien frei und ungezwungen einigen können, ist sein Handeln unproblematisch.[86] Wie verhält es sich aber, wenn der Richter in der Meinung, der gesamte oder Teile des Sachverhalts seien eindeutig, die widerstrebenden Parteien zu einem Übereinkommen zu zwingen versucht oder gar einseitig die ‚triable issues' festlegt?

Es gibt Entscheidungen, die dem Richter die Befugnis einräumen, die Parteien zu einer ‚stipulation' zu zwingen oder den streiterheblichen Sachverhalt von sich aus in der folgenden pretrial order festzulegen, wenn sich eine Partei auf ein unsubstantiiertes Bestreiten beschränkt hat und kein vernünftiger Zweifel an einzelnen Teilen der Sachverhaltsdarstellung oder am gesamten Sachverhalt bestehen kann.[87] Die dieser Auffassung folgenden Urteile sind Einzelfälle geblieben. Unter Hinweis darauf, daß ‚Life Music' seinerzeit weniger Zustimmung als Kritik erfahren hatte, entschied der Richter desselben District Court (Southern District of New York) in einem jüngeren Fall, daß entgegen der früheren Ansicht ein Richter den Sachverhalt auch bei nur fehlender formeller Übereinstimmung der Parteien nicht einseitig bestimmen könne.[88]

Wie schon eingangs ausgeführt wurde, darf die Pretrial Conference nicht anstelle der Hauptverhandlung treten. Sind also die Parteien nicht fähig oder auch nur nicht bereit, eine Sachverhaltsübereinkunft zu tref-

---

[86] Laird v. Air Carrier Engine Service, 263 F.2d 948, 954 (1959); „... for success of pretrial procedure the leadership, direction, and stimulus of the judge is vital ... to lead the parties to the *frank* and *unforced* concessions which alone justify the procudure ...", Padovani v. Bruchhausen, 293 F.2d 546, 550 (1961).

[87] Berger v. Brannan, 172 F. 2d 241 (1949); Holcomb v. Aetna Life Insurance Comp., 255 F.2d 577 (1958); Life Music, Inc. v. Broadcast Music, Inc., 31 F.R.D. 3 (1962); bestätigt in der Revision: „... district judge, on finding that the parties ... were really in accord, could issue order ... tentatively defining issues, though plaintiff refused formal manifestation of assent.", Life Music, Inc. v. Edelstein, 309 F.2d 242, 243 (1962).

[88] United States v. International Business Machines Corp., 68 F.R.D. 358 (1975).

fen, dann darf sich der Richter wohl mit einem gewissen Nachdruck darum bemühen, auf eine stipulation über geeignete Sachverhaltspunkte hinzuwirken, erzwingen kann er sie nicht.[89]. Zwei Aspekte standen in ‚J. F. Edwards' im Vordergrund. Zum einen diene die Pretrial Conference der Aufbereitung des Sachverhalts, nicht der endgültigen Feststellung. Zum anderen stellte das Revisionsgericht darauf ab, daß R. 16 Fed. R.Civ.P. nach Wortlaut und Zweck[90] keine Befugnis enthalte, Parteien — außer zum Erscheinen und Erörtern — zu einem Handeln zu zwingen. Das gelte auch dann, wenn eine vom Richter vorgeschlagene Maßnahme für eine Partei vorteilhafter sei als die von ihr selbst angestrebte. Aus R. 16 Fed.R.Civ.P. ergebe sich eine Konzentrations- und Beschleunigungsmaxime, eigenständige, neue Befugnisse könnten aus diesem Grundsatz aber nicht abgeleitet werden. Die Pretrial Conference gebe Gericht und Parteien nur die Gelegenheit, sich mit dem Sachverhalt rundherum zu befassen und überflüssige oder unverständliche Darstellungen und Behauptungen der Parteien durch freiwillige Konzessionen zu berichtigen.[91]

Resümee: Auch über den Umweg der Parteiübereinkunft (stipulation) hat der Richter keine Möglichkeit, gegen die Parteien einen seiner Ansicht entsprechenden Sachverhalt als Ergebnis der Pretrial Conference festzulegen.

5.4.1.2.3. Die Feststellung der Sach- und Rechtslage durch Endurteil

Die Frage, ob als Ergebnis der Pretrial Conference das Verfahren mit einem Endurteil abgeschlossen werden kann, wurde zum großen Teil schon durch die vorstehenden Erörterungen beantwortet.

Die Pretrial Conference hat wie ein Brennglas die Aufgabe, die Darstellung der Sach- und Rechtslage für die Hauptverhandlung zu bündeln. R. 16 Fed.R.Civ.P. enthält die dafür notwendigen Befugnisse, verleiht dem Richter aber nicht das Recht, die Hauptverhandlung durch die Pretrial Conference zu ersetzen und die streitigen issues durch ein Endurteil aufzulösen.[92] Diese Grundsätze werden durch eine scheinbare

---

89 J. F. Edwards Const. Co. v. Anderson Safeway, etc., 542 F.2d 1318, 1322 (1976).

90 Ebd., S. 1325, „... Pre-trial, in purpose and in its most successful use, is informal and factual, rather than legal and coervice."

91 Ebd., S. 1325, „... the proper function of pre-trial is not to club the parties — or one of them — into submission. Rather the function is to see that the parties and the court are fully aquainted with the case ..."

92 Clay v. Callaway, 177 F.2d 741, 743 (1949), „The scope of a pretrial conference ... does not include the making of a final judgment."; Syracuse Broadcasting Corp. v. Newhouse, 271 F.2d 910, 914 (1959); Lynn v. Smith, 281 F.2d 501, 506 (1960).

Ausnahme ergänzt. Auf die Pretrial Conference kann ein Endurteil folgen, wenn sich ergibt, daß der Sachverhalt unstreitig (geworden)[93] und nur noch über Rechtsfragen zu entscheiden ist. In diesem Fall können Kläger oder Beklagter ein ‚summary judgment' gemäß R. 56 Fed.R.Civ.P. beantragen.[94] Die Pretrial Conference ist keine notwendige Voraussetzung für ein summary judgment. Beide haben jeweils eine eigene Zielsetzung, R. 16 und R. 56 Fed.R.Civ.P. können einander aber ergänzen, sofern die oben genannten Bedingungen vorliegen.[95]

R. 56 Fed.R.Civ.P. setzt den Antrag einer Partei voraus. Zwei Entscheidungen, bei denen der Richter von sich aus (sua sponte) ein summary judgment erlassen hatte, waren schon aus anderen Gründen von der Revision aufgehoben worden, so daß dieser Aspekt nicht mehr erörtert wurde.[96] Eine Entscheidung ohne Antrag kann jedenfalls als äußerst ungewöhnlich bezeichnet werden.

5.4.2. Vergleichsgespräche

Der Richter beschränkt die Pretrial Conference in aller Regel nicht auf die Vorbereitung der Hauptverhandlung allein, sondern erörtert mit den Parteien auch die Aussicht, den Rechtsstreit mit einem Vergleich abzuschließen. Die Rolle des Richters beim Vergleichsgespräch werde ich unten im Anschluß an das Kapitel ‚Pretrial Conference' gesondert darstellen.

5.4.3. Die Pretrial Order

Die Pretrial Conference hätte kaum mehr als den Charakter einer bloßen Zusammenkunft, wenn auf sie nicht eine pretrial order folgte, in der

— die während der Conference getroffenen Maßnahmen;

— die zugelassenen Ergänzungen der ‚pleadings'; und

— die Tatsachenübereinkunft der Parteien aufgeführt werden.

Die pretrial order soll vom Gericht erlassen werden.[97] Diese Aufgabe obliegt dem Richter allein, nicht den Parteien. Häufig ordnen die Richter jedoch an, daß die Parteien einen Entwurf für eine pretrial order

---

[93] Pifcho v. Brewer, 77 F.R.D. 356, 357 (1977), „. . . judgment may be ordered . . . if there is no triable issue left at the end of discussion."

[94] Wirtz v. Young Electric Sign Comp., 315 F.2d 326 (1963); Lynn v. Call, 261 F.2d 130 (1958); Newman v. Granger, 141 F.Supp. 37 (1956), aff. 239 F.2d 384.

[95] Irving Trust Company v. United States, 221 F.2d 303, 305 (1955).

[96] Wirtz v. Young Electric Sign Comp., 315 F.2d 326 (1963); Lynn v. Smith, 281 F.2d 501 (1960).

[97] R. 16 Fed.R.Civ.P., „The *court shall* make an order . . ."; Mc Cargo v. Hedrick, 545 F.2d 393, 401 (1976).

fertigen, den sie nur noch kontrollieren und unterschreiben brauchen. Auch die von den Parteien vorab angeforderten pretrial memoranda bilden oft die Grundlage der pretrial order. Trotz dieser höchst willkommenen Hilfestellung ist die pretrial order eine *gerichtliche* Verfügung, an die sich die Parteien zu halten haben.

Der Erlaß einer pretrial order ist nicht zwingend. Wenn sich die Parteien in allem völlig uneins sind, kann die ‚order' ihre Aufgabe, das für den Prozeß Wesentliche zusammenzufassen, nicht erfüllen.[98] Sofern irgend möglich, sollte aber die Pretrial Conference durch eine pretrial order abgeschlossen werden,[99] und zwar nicht in Form eines unverbindlichen richterlichen Memorandums, sondern als bindende Verfügung.[100]

In der pretrial order werden die streitigen issues sowie die Tatsachen- und Beweisübereinkommen der Parteien offen- und festgelegt, so daß sich Gericht und Parteien in Kenntnis dessen, was sie in der Hauptverhandlung erwartet, vorbereiten können.[101] Die pretrial order ist sozusagen die Blaupause für die Hauptverhandlung.[102] Die in ihr enthaltenen issues und stipulations, und nur diese, bestimmen den entscheidungserheblichen Sachverhalt bis hin zur Revision.[103] Die pretrial order überlagert die pleadings,[104] „a pretrial order under Rule 16 conclusively establishes the issues of fact and law in the case and changes the plaintiff's claim from one to another."[105] Rechtliche Darstellungen in der order dienen dazu, die Tatsachenausführungen zu erhellen und eventuell auf ungewöhnliche rechtliche Aspekte hinzuweisen, die nach Ansicht des Richters in der Hauptverhandlung erheblich werden könnten.[106]

Es liegt im weiten Ermessen des Gerichts, begrenzt durch das Kriterium des ‚groben Unrechts' (manifest injustice), nach Erlaß der pretrial order neue Vorbringen der Parteien noch zuzulassen.[107] Der Richter muß dabei abwägen zwischen einem materiell gerechten Verfahren einerseits

[98] Video Components, Inc. v. Laird Telemedia, Inc., 574 F.2d 1061—1063 (1978).

[99] Howard v. Kerr Glass Mfg. Co., 699 F.2d 330, 333 (1983).

[100] Simpson v. Union Oil Comp. of California, 311 F.2d 764, 767 (1963).

[101] Pacific Idemity Company v. Broward County, 465 F.2d 99, 103 (1972).

[102] Sill Corp. v. United States, 343 F.2d 411, 420 (1965).

[103] American Home Assur. Co. v. Cessna Aircraft Co., 551 F.2d 804, 806 (1977); Funding Systems Leasing Corp. v. Pugh, 530 F.2d 91, 95 (1976); Hodgson v. Humphries, 454 F.2d 1279, 1281 (1972).

[104] Howard (Fn. 99) S. 333.

[105] United States v. Hougham, 364 U.S. 310, 5 L.Ed.2d 8, 81 S.Ct. 13.

[106] Jones v. Nabisco, Inc., 95 F.R.D. 25 (1982).

[107] Burdis v. Texas Pacific Ry Co., 569 F.2d 320, 323 (1978); De Laval Turbine, Inc. v. West India Industries, Inc., 502 F.2d 259, 263 (1974); Jeffries v. United States, 477 F.2d 52, 55 (1973).

und dem Interesse an einem schleunigen und formgerechten Verfahren andererseits. Pretrial orders sind keine ,Zwingen aus Eisen',[108] und das Gericht hat eine gewisse Pflicht, eine Partei aus den Schlingen einer prozessualen Falle zu befreien, ungeachtet der Tatsache, ob sie durch ihr eigenes oder eines anderen Tun hineingeraten ist.[109] Das gilt auch für Tatsachenübereinkommen der Parteien, die z. B. später offenkundig gewordenen Tatsachen widersprechen.[110]

Der Richter darf schließlich die pretrial order nicht in der Hauptverhandlung wie ein Kaninchen aus dem Hut ziehen und unter Berufung auf sie ein darin nicht vorgesehenes Beweismittel ablehnen, wenn er in verschiedenen Terminen zwischen Pretrial Conference und Trial erkennen konnte, daß die Parteien die order übersehen hatten. In einem solchen Fall ist er verpflichtet, die Parteien entsprechend aufzuklären: „Rule 16 was never intended to be a trap for unwary counsel and their litigants."[111]

5.4.4. Advisory Ruling

Regelmäßig wird die Pretrial Conference durch eine order beschlossen. Es ist wohl zumindest vertretbar, wenn ein Richter in einem Rechtsfall, in dem sich aufgrund der Pretrial Conference eine für die Hauptverhandlung noch klärungsbedürftige Sach- und Rechtslage ergeben hat, eine ,advisory ruling' erläßt. In einem solchen ,Aufklärungsbescheid' kann der Richter seine Ansicht über Gesichtspunkte darlegen, die zwischen den Parteien streitig sind und die für den Gang der Hauptverhandlung erheblich werden können.[112] Der Wortlaut von R. 16(6) Fed.R. Civ.P. (such other matters as may aid in the disposition of the action) steht einem solchen Handeln nicht entgegen, sondern spricht eher für die Zulässigkeit. Weit verbreitet ist die ,advisory ruling' nicht.

5.5. Kritik an der bisherigen Übung und die vorgeschlagene Neuregelung

Prinzipielle Einwendungen gegen die Pretrial Conference, sie entspreche nicht der Konzeption des adversary system, sind selten geworden.

---

[108] Sill Corp. (Fn. 102) S. 420.

[109] Associated Beverages v. Ballantine & Sons, 287 F.2d 261, 263 (1961).

[110] Central Distributers, Inc. v. M.E.T., Inc., 403 F.2d 943, 945 (1968), „... the court has an obligation, in addition to having the right, to relieve counsel of pre-trial stipulations where such relief is necessary to prevent manifest injustice."; H. B. Zachary Co. v. United States, 344 F.2d 352, 357 (1965).

[111] Peter Eckrich and Sons, Inc. v. Selected Meat Co., 512 F.2d 1158, 1163, 1164, „... a trial is not a game of tactics, but a proceeding designed to achieve substantial justice among the parties."

[112] Eine ,advisory ruling' findet sich in Jiffy Foods Corp. v. Hartford Accident and Indemnity, 331 F.Supp. 159, 160 f. (1971).

Beachtlicher sind die Bedenken derjenigen, die zwar die Pretrial Conference als Einrichtung allgemein bejahen, sich aber gegen die Art und Weise ihrer Gestaltung wenden. Die Kernpunkte der Kritik:

(1) Die Pretrial Conference sei zum Selbstzweck geworden;

(2) es komme zu einer Serie von ‚mini-trials‘;

(3) sie verursache einen zeit- und geldaufwendigen Papierkrieg;

(4) es fehle an einer wirklichen Fallanalyse.

Die Kritiker weisen darauf hin, daß die Pretrial Conference dazu bestimmt war, die Prozeßgestaltung zu erleichtern und zu vereinfachen, Zeit und Kosten sparen zu helfen. Wright bringt es in seinem inzwischen klassischen Zitat auf einen Nenner: „It wasn't intended that pretrial be just another layer on the judicial cake.“[113]

Die Pretrial Conference wurde von einer ganzen Reihe von Richtern zu einem unüberwindbaren Hindernis ausgebaut. Statt das Prinzip der Mündlichkeit, das die Pretrial Conference beherrschen sollte,[114] in den Vordergrund zu stellen, belasten sie die Parteien mit einer Unzahl von schriftlich auszufertigenden Auskünften, Entwürfen und Falldarstellungen.[115] Dahinter verbergen sich zwei Absichten: Die Richter möchten ihre eigene Arbeitsbelastung möglichst gering halten, und darüber hinaus kann ein extensiver Papierkrieg die Parteien für einen Vergleich ‚weichmachen‘. Diese Verfahrensweise zieht gerade deswegen so viel Kritik auf sich, weil mit der Einführung der Federal Rules of Civil Procedure endgültig mit der alten ‚common-law pleading‘-Tradition und ihren komplexen Schriftlichkeitserfordernissen gebrochen werden sollte.

Mit dem ersten hängt ein weiterer wesentlicher Kritikpunkt zusammen. Es wird bemängelt, daß die Pretrial Conference aus ihrer unterstützenden Rolle herausgelöst und quasi zu einer zweiten Hauptverhandlung wird.[116] Die Pretrial Conference ist der Vorhof zur Hauptverhandlung, nicht der Endpunkt des Verfahrens. In dem Ausdruck ‚mini-trials‘ wird deutlich, daß die Anwälte diese Verfahrensweise ablehnen, weil sie das Gefühl bekommen, wiederholt den gleichen Prozeßstoff durcharbeiten zu müssen, ohne sich dem Ziel ‚Trial‘ entscheidend zu nähern.

Es entspricht schließlich ebenfalls nicht der Intention der R. 16 Fed.R. Civ.P., daß die Konferenz in Anwesenheit zweier zu nichts autorisierter

113 Wright, The Pretrial Conference, 28 F.R.D. 37, 141, 142 (1962).

114 Mc Cargo v. Hedrick, 545 F.2d 393, 401 (1976).

115 Wright (Fn. 113); Clark, To an Understanding Use of Pre-Trial, 29 F.R.D. 191, 455 (1962); Pollack, Pretrial Procedures More Effectively Handled, 65 F.R.D. 475 (1975).

116 Pollack, Cutting the Fat from Pretrial Proceedings, 97 F.R.D. 319, 321 (1983), „It resulted in a series of mini-trials ...“; Mc Cargo (Fn. 114) S. 402.

Anwälte und eines wenig beteiligten Richters zu einem Austausch bloßer Formalitäten ohne eine tiefer gehende Analyse des Falls degeneriert.[117] Es gibt zwei Ursachen für diese Art von ‚Konferenz mit der linken Hand'. Zum einen die schon erörterte Vorstellung mancher Richter, ihre Rolle sei die eines Schiedsrichters, der für die Fallentwicklung selbst keine Sorge zu tragen habe. Zum anderen ist zu berücksichtigen, daß Anwälte mit Mandanten oft *eine* Gebühr für den gesamten Rechtsstreit vereinbaren. Jede über das Notwendigste hinausgehende Handlung wird für den Anwalt teuer, als schickt man in die Pretrial Conference einen Junior-Anwalt ohne Kenntnisse und Befugnisse.

Die vorgeschlagene Neufassung der R. 16 Fed.R.Civ.P. ist sehr viel detaillierter als die bislang geltende R. 16 Fed.R.Civ.P. Ihr Beitrag besteht entscheidend darin, ein Prozeß-Management mit vorgegebenen Zielvorstellungen für die gesamte pretrial-Phase zu institutionalisieren.[118]

Expressis verbis aufgenommen wurde (als eine von möglicherweise mehreren) die Final Pretrial Conference — R. 16(d) Fed.R.Civ.P. (Draft). Sie hat sich gegenüber der noch geltenden Regelung in Zielsetzung und Gestaltung wenig geändert. Deutlicher herausgearbeitet wurde die sachliche und zeitliche Nähe zur Hauptverhandlung (Trial). Es wird auch klargestellt, daß von jeder Partei zumindest ein Anwalt, der auch in der Hauptverhandlung auftreten wird, zugegen ist.

Bisher hatten die Richter das Recht, die Parteien durch Verfahrensstrafen (sanctions) zu einer ordnungsgemäßen pretrial Beteiligung anzuhalten, nicht aus R. 16 Fed.R.Civ.P., sondern aus ergänzenden Local Rules und immanenten Verfahrensleitungsbefugnissen herleiten müssen. R. 16(f) ⟨Draft⟩ sieht nun eigens Verfahrensstrafen (sanctions) vor für Parteien(anwälte), die bei der Pretrial Conference

— ausbleiben;

— mangelhaft vorbereitet sind; oder

— sich nicht gutwillig fördernd beteiligen (fails to participate in good faith).

In solchen Fällen kann der Richter auch von sich aus vor allem die in R. 37(b) Fed.R.Civ.P. vorgesehenen Verfahrensstrafen verhängen.[119]

---

117 Pollack (Fn. 115) S. 477; Mc Cargo (Fn. 114) S. 400; Pollack, Cutting the Fat (Fn. 116) S. 321.

118 Pollack, Cutting the Fat (Fn. 116) S. 319 f., „Case management, in the pretrial phase, planning and scheduling, is the overall contribution of the new proposals. The objectives are ... to enlist the judge's personal intervention practically from the inception of the case and the undertaking of judicial management thereafter shall embrace the entire pretrial phase ..."; zum ‚case management' vgl. auch 2. Abschn., 1.

Auf dem Hintergrund der derzeit herrschenden pretrial-Praxis, der an ihr geübten Kritik und der vorgeschlagenen Neufassung der R. 16 Fed.R.Civ.P. läßt sich zur zukünftigen Rolle des Richters folgendes feststellen: Die Beteiligung und Verantwortung des Richters an der gesamten pretrial-Phase einschließlich der Final Pretrial Conference wird nicht ab-, sondern zunehmen. R. 16 Fed.R.Civ.P. (Draft) sieht als Regelfall einen Richter vor, der den Rechtsstreit von der Klageerhebung bis zur Hauptverhandlung betreut. Die Parteien werden weiterhin wesentliche Gestaltungsfreiheiten innerhalb der vorgegebenen Verfahrensstationen haben, beaufsichtigt freilich von einem Richter, der nach seinem Ermessen korrigierend eingreifen kann. Verfahrensknotenpunkte und Gelegenheiten für Bestandsaufnahmen wird es künftig, zumindest in größeren Verfahren, mehrere geben, von der Early Pretrial Conference und Discovery Conference über eventuelle weitere Pretrial Conferences bis hin zur Final Pretrial Conference. Die Konsequenz liegt auf der Hand: „The rules *shift* the *burden* of moving cases *from attorneys to judges* ... a *judge* must be *more actively involved* in moving cases towards completion particulary in civil litigation where no speedy trial statute motivates attorneys."[120]

6. Die Befugnisse des Richters, auf einen Vergleich hinzuwirken

Für die Beendigung des Prozesses hat der Vergleich eine enorme Bedeutung. Nur etwa zehn Prozent aller Rechtsstreitigkeiten in den Federal District Courts werden durch ein streitiges Urteil abgeschlossen; am Ende eines wesentlichen Teils der übrigen Prozesse steht ein Vergleich.[1] Durch eine gütliche Einigung werden die Gerichte entlastet und die Parteien vor weiterem zeitlichem wie finanziellem Aufwand bewahrt. Es kann also wenig überraschen, wenn Vergleiche sowohl nach allgemeinem Rechtsverständnis (public policy) wie nach Auffassung der Gerichte nachdrücklich zu befürworten sind.[2] Aus dieser grundsätzlichen Wertschätzung folgt nach anglo-amerikanischen Vorstellungen nicht notwen-

---

[119] R. 16(f) Fed.R.Civ.P. (Draft) ... upon motion or *his own initiative*, may make such orders with regard thereto as are just, and among others any of the orders provided in Rule 37(b) (2) (B), (C), (D) Fed.R.Civ.P.

[120] Pollack, Cutting the Fat (Fn. 116) S. 326.

[1] Resnik, Manageril Judges, 96 Harv.L.Rev. 376, 405 Fn. 126 (1982), für 1980 werden 8,2 % aller Fälle als nach der Hauptverhandlung abgeschlossen angegeben; Will / Merhige / Rubin, The Role of the Judge in the Settlement Process, 75 F.R.D. 89, 203 (1978).

[2] Clarion Corp. v. American Home Products Corp., 494 F.2d 860, 863 (1974); Cities Service Oil Comp. v. Colaman Oil Comp., Inc., 470 F.2d 925 (1972); Autera v. Robinson, 419 F.2d 1197, 1199 (1969) — in diesen Entscheidungen geht es nur um die gerichtliche Anerkennung privat geschlossener Vergleiche.

dig, daß sich das Gericht am Zustandekommen eines Vergleichs beteiligen soll. Die Beantwortung der Frage, welche Rolle dem Richter zukommt, hängt vom Verständnis des adversary system ab. So hielte es weder ein englischer ‚High Court Master' noch ein ‚High Court Judge' für angemessen, wenn ihm ein Vergleich auch nur anzuregen angesonnen würde.[3] Welche Befugnisse ein amerikanischer Federal District Court Judge hat, auf einen Vergleich hinzuwirken, wird im folgenden zu erörtern sein.

Ursprünglich war die Haltung der amerikanischen Richter- und Anwaltschaft gegenüber einer richterlichen Beteiligung an Vergleichsgesprächen der jetzt noch in England herrschenden Auffassung nicht unähnlich: Man hielt sie kaum für mit dem adversary system vereinbar.[4] Der Umschwung kam mit der neu konzipierten pretrial procedure in den Federal Rules of Civil Procedure. Insbesondere die Vorschrift über die Pretrial Conference gemäß R. 16 Fed.R.Civ.P. wurde von einer langsam, aber stetig wachsenden Zahl von Richtern als Aufforderung und Ermächtigung aufgefaßt, mit den Parteien über Vergleichsmöglichkeiten zu sprechen.[5] Heute wird weit überwiegend anerkannt, daß der Vergleich in der Pretrial Conference behandelt werden und jedenfalls ein mögliches Ergebnis sein kann. Sehr umstritten ist dagegen, wieweit der Richter bei seinen Vergleichsbemühungen gehen darf.[6] Auf diesen Aspekt hin hat sich der Streit zwischen den jeweiligen Befürwortern einer aktiven oder passiven Richterrolle verschoben,[7] nachdem die Frage, ob überhaupt, weitgehend ausgetragen ist.

Auch bei der Darstellung des Vergleichs sei noch einmal daran erinnert: Ein Federal District Court Judge kann das Verfahren im Rahmen der Federal Rules sehr selbständig gestalten. Die Bandbreite reicht von Richtern, die jegliche Vergleichsgesprächsbeteiligung ablehnen, bis hin zu solchen, die besondere ‚Settlement Conferences' vorsehen.[8] Die gänzlich passiven Richter bilden freilich eine kleinere Minderheit.

Es wurden schon angesprochen, daß die richterliche Befugnis, mit den Parteien die Möglichkeit eines Vergleichs zu erörtern, entweder auf

---

[3] Silberman, Masters and Magistrates, P. I., 50 N.Y.U.L.Rev. 1070, 1111 Fn. 270 (1975).

[4] Millar, Civil Procedure of the Trial Court, S. 243 (lehnt Vergleichserörterungen für die Pretrial Conference ab); Kaufman, The Philosophy of Effective Judicial Supervision over Litigation, 29 F.R.D. 191, 207 (1962).

[5] Wyzanski, A Trial Judge's Freedom and Responsibility, 65 Harv.L.Rev. 1281, 1286 Fn. 24 (1952).

[6] James & Hazard, Civil Procedure, § 6.16 (S. 214).

[7] Fox, Settlement, Helping the Lawyers to Fulfill their Responsibility, 53 F.R.D. 129, 130 (1972); Wright & Miller, Federal Practice and Procedure: Civil § 1522.

[8] Will / Merhige / Rubin, Settlement (Fn. 1) S. 203.

R. 16(6) Fed.R.Civ.P. allein oder auf diese in Verbindung mit einer Local Rule nach R. 83 Fed.R.Civ.P. gestützt wird. Ausdrücklich vorgesehen ist der Vergleich bislang weder in R. 16 Fed.R.Civ.P. noch in irgend einer anderen Norm der Federal Rules of Civil Procedure. Die Befürworter richterlichen Vergleichsengagements verweisen darauf, daß Entstehungsgeschichte, Zweck und der Wortlaut von R. 16(6) Fed.R.Civ.P.[9] dafür sprächen, den Vergleich darunter zu subsumieren. Die Gegner machen geltend, daß es an einer positiven Regelung fehle, Vergleichsgespräche absichtlich nicht aufgenommen worden wären.[10] In der Praxis ist dieser Streit weitestgehend zugunsten der Befürworter entschieden.[11] Eine nicht mehr zu bezweifelnde Rechtsgrundlage wird mit der Einführung der neuen R. 16 Fed.R.Civ.P. folgen. Der Vergleich ist darin als Erörterungspunkt und mögliches Ergebnis der Pretrial Conference ausdrücklich genannt.[12] Nach dem Inkrafttreten der Neuregelung wird sich der langwährende Streit endgültig erledigt haben.

Aufgrund von R. 16(6) Fed.R.Civ.P. können Vergleichsgespräche unter Beteiligung des Richters geführt werden in

— Preliminary/Status Conferences

— speziellen Settlement Conferences

— Final Pretrial Conferences.

In der Hauptverhandlung selbst tritt das Thema Vergleich in den Hintergrund, insbesondere dann, wenn der Richter über ‚fact' und ‚law' entscheidet.[13]

Die Status Conference dient in erster Linie dazu, den Rechtsstreit auf die richtigen Gleise zu setzen. Daneben bietet sie dem Richter die Gelegenheit, die Parteien auf Vergleichsmöglichkeiten und -aussichten hin anzusprechen.[14] Durch die Status Conference werden die Parteien gezwungen, sich schon sehr früh im Verfahren ernsthaft mit ihrem Fall zu beschäftigen und Stärken und Schwächen abzuschätzen. Das kann die Bereitschaft fördern, sich zumindest auf Vergleichsgespräche einzulassen.[15] Andererseits hatten die Parteien zu diesem Zeitpunkt noch keine Möglichkeit, die Qualität ihrer und des Gegners Beweismittel zu prüfen.

---

[9] R. 16(6) Fed.R.Civ.P., „such other matters as may aid in the disposition of the action".

[10] Fox, Settlement (Fn. 7) S. 131 ff.

[11] Peckham, The Federal Judge as a Case Manager: The New Role in Guiding a Case from Filing to Disposition, 69 Cal.L.Rev. 770, 774 (1981).

[12] R 16(a) (5), (c) (7) Fed.R.Civ.P. (Draft).

[13] Will / Merhige / Rubin, Settlement (Fn. 1) S. 211.

[14] Schwarzer, Managing Civil Litigation: The Trial Judge's Role, 61 Judicature 400, 402.

[15] Peckham (Fn. 11) S. 773, 779 Fn. 36.

Außerdem müssen sie vermeiden, daß ein frühes Eingehen auf Vergleichsüberlegungen als Zeichen von Schwäche gedeutet werden könnte. Der Richter muß also beim Thema Vergleich sehr behutsam vorgehen, sich eher auf einen ersten Anstoß beschränken als eine vollständige Diskussion erzwingen.[16] In vielen Fällen liegt die Status Conefrence für Vergleichserörterungen zu früh, so daß der Richter nur wenig Zeit darauf verwenden sollte.[17]

Das Schwergewicht der Vergleichserörterungen liegt in der Regel auf der Final Pretrial Conference. Es ist umstritten, ob der Vergleich dabei das Hauptziel darstellt oder nur als — durchaus nicht unerwünschter — Nebeneffekt der Trial-Vorbereitung mehr oder minder ‚anfällt'.[18] Diejenigen, die den Vergleich in den Vordergrund der Pretrial Conference stellen, dürften in der Minderzahl sein. Die Mehrheit folgt wohl der im ‚Handbook' vorgegebenen Maxime: „However, it should not be forgotten that settlement is merely a by-product of the pretrial conference and not its prime purpose."[19] In der Art und Weise der Pretrial Conference-Gestaltung unterscheiden sich ‚Vergleichsorientierte' und ‚Hauptverhandlungsorientierte' — so die Diskussionsterminologie — nur unwesentlich. Beide müssen ihr Augenmerk auf den einen wie auf den anderen Aspekt richten, nur die Gewichtung mag differieren.[20]

Bis zur Final Pretrial Conference sind Parteien und Gericht mit dem Rechtsstreit vertraut, der Fall hat eine gewisse Vergleichsreife erlangt. Damit sind die Voraussetzungen für eine erfolgversprechende Vergleichserörterung gegeben.

Die Befugnisse des Richters, auf einen Vergleich hinzuwirken, werden beschränkt durch seine Pflicht, die Unabhängigkeit zu wahren und die Parteien nicht zu einem Vergleichsabschluß zu zwingen.[21] Innerhalb dieser Grenzen steht es dem Richter frei, das Vergleichsgespräch nach seinen Vorstellungen zu führen.

Die zurückhaltendste Rolle für den Richter ist die des ‚Katalysators'. Dabei regt er lediglich an, einen Vergleich zu erwägen und gibt nur in groben Umrissen vor, wie eine Vergleichsgestaltung aussehen könnte. Manchmal genügt dieser Anstoß, und die Parteien führen das weitere

---

16 Will / Merhige / Rubin, Settlement (Fn. 1) S. 204 f.; Will, Judicial Responsibility for the Disposition of Litigation, 75 F.R.D. 89, 117, 125 f. (1978).

17 Will / Merhige / Rubin, Settlement (Fn. 1) S. 220.

18 Wright & Miller (Fn. 7).

19 Handbook for Effective Pretrial Procedure, 37 F.R.D. 255, 271 (1965); Fox (Fn. 7) S. 134.

20 Fox (Fn. 7) S. 136.

21 Will / Merhige / Rubin, Settlement (Fn. 1) S. 205; Peckham (Fn. 11) S. 788; Fox (Fn. 7) S. 151, 152.

Gespräch ohne richterliche Mithilfe.[22] Oft genug aber reicht das nicht hin. Die Parteien scheuen sich, den ersten Zug zu machen, eine konkrete Offerte auf den Tisch zu legen. In diesen Fällen kann der Richter — eine Pflicht, auf eine gütliche Einigung hinzuwirken, hat er nicht — die Initive ergreifen und den Parteien konkrete Vorschläge machen. Geht es um eine Geldforderung, so kann er eine Vergleichssumme nennen.[23] Der Richter fördert die Vergleichsbereitschaft, wenn er Stärken und Schwächen des Vortrags jeder Partei anspricht und, sofern eine Partei eine Vernebelungs- und Verschleierungstaktik betreibt, diese etwas aufhellt.[24] Er kann sogar noch weiter gehen und sehr vorsichtig den möglichen Ausgang des Rechtsstreits andeuten.[25] Es bleibt dem Richter darüber hinaus unbenommen, die zeitlichen und finanziellen Vorteile sowie die befriedende Wirkung eines Vergleichs zu unterstreichen.

Es gibt Prozesse, in denen dem Richter weder die Status- noch die Final Pretrial Conference als der geeignete Ort erscheint, Vergleichsaussichten eingehend zu erörtern. So z. B., wenn die Parteien zwar grundsätzlich bereit sind, in Anwesenheit des Richters Vergleichsgespräche zu führen, diese aber vom normalen Gang des Verfahrens getrennt und ein wenig abgehoben wissen wollen, um ein ‚Durchschlagen' der Vergleichsargumente auf die Hauptverhandlung zu verhindern. In solchen Fällen wird das Vergleichsgespräch in eine gesonderte Settlement Conference verlagert, rechtlich wiederum begründet auf R. 16(6) Fed.R. Civ.P. Settlement Conferences sind Ausnahmen und kommen vor allem in größeren Streitkomplexen vor, bei denen ohnehin mehrere Pretrial Conferences stattfinden.

Es ist kaum möglich, mehr als die Grundzüge darzulegen, denen der Richter bei der Gestaltung der Vergleichserörterung in der pretrial-Phase folgt; zu unterschiedlich sind die persönlichen Ausprägungen bei den einzelnen Richtern. Ein Grundsatz gilt jedoch allgemein: Solange die Parteien freiwillig und ungezwungen zu einem Vergleichsabschluß kommen, kann sich der Richter auf die ihm in R. 16(6) Fed.R.Civ.P. eingeräumte Befugnis berufen, nach seinem Ermessen den Rechtsstreit zu fördern — nicht zuletzt durch Vergleichsgespräche.

Unter dem Eindruck der nahenden Entscheidung zeigen sich die Parteien oft vergleichsbereit; berühmt-berüchtigt sind die Vergleichsgespräche der Anwälte auf den Treppen zum Gerichtssaal. Durch die einge-

---

[22] Fox (Fn. 7) S. 149.

[23] Will / Merhige / Rubin, Settlement (Fn. 1) S. 205; W. Smith, Pretrial Conference — A Study of Methods, 29 F.R.D. 191, 348, 352 (1962); Marovitz, Calendar Control — Civil and Criminal, 68 F.R.D. 251, 254 (1978).

[24] Fox (Fn. 7) S. 151 f.; Will / Merhige / Rubin, Settlement (Fn. 1) S. 210 f.

[25] Murrah, Pretrial Procedure, A Statement of Its Essentials, 14 F.R.D. 417, 420 (1954).

henden Erörterungen während der pretrial-Phase versuchen die Richter, einen Vergleich schon vor der Hauptverhandlung zu erreichen. Vergleichsgespräche während der Hauptverhandlung sind möglich,[26] aber gegenüber dem pretrial weit weniger geschätzt. Manche Richter erstrekken ihre Hilfestellungen nur auf die Pretrial Conferences.[27]

Die Hauptverhandlung unterliegt sehr viel mehr als das Vorverfahren einer möglichen Kontrolle der Revision. Die Richter trachten also danach, ihre Unparteilichkeit ‚protokollfest' dokumentieren zu können. Um dem Eindruck von Vorurteilen entgegenzuwirken, halten sie sich vor allem in ‚non-jury trials' sehr zurück. Hat dagegen eine Jury über die Tatsachen zu entscheiden, dann zeigen sich die Richter eher bereit, in Vergleichsgespräche ‚einzusteigen'.[28]

Grundsätzlich ist es dem Richter nicht verwehrt, die Parteien bei Vergleichsgesprächen zu unterstützen, sie gar dazu zu ermutigen.[29] Die eingangs angesprochene Wertschätzung für den Vergleich endet ja nicht vor den Toren der Hauptverhandlung. So sehen es manche Richter durchaus als ihre Aufgabe an, in jeder Lage des Verfahrens auf die Vorteile eines Vergleichs hinzuweisen, insbesondere dann, wenn die Umstände nach einem Vergleich ‚rufen'.[30] Der Richter überschreitet jedoch die Grenzen seiner Befugnisse, wenn er hartnäckig immer wieder darauf abhebt, daß der Fall an sich vergleichstauglich sei und es nur am uneinsichtigen Verhalten der einen oder anderen Partei liege, wenn es zu keiner gütlichen Einigung komme. Er muß den Parteien das Recht zugestehen, über einen Vergleich frei entscheiden zu können und die Hauptverhandlung davon unbeeinflußt führen zu dürfen.[31] Der Richter sollte es auch vermeiden, konkrete Summen für einen Vergleichsabschluß während der Hauptverhandlung zu nehmen. Die Gefahr liegt nahe, daß sich eine Partei genötigt fühlt, auf die mit der Autorität des Amtes geäußerte Zahl eingehen zu müssen. Endgültig zu weit gegangen ist ein Richter, wenn er eine Partei deren Zurückweisung seines Vergleichsvorschlags im weiteren Verlauf der Verhandlung spüren läßt.[32]

Wollte man die Rolle des Richters beim Vergleichsgespräch während der Hauptverhandlung in einem Satz ausdrücken, ließe sich etwa folgendes sagen: Angemessen ist eine entgegenkommende Zurückhaltung.

---

[26] King, Management of Civil Case Flow from Filing to Disposition, 75 F.R.D. 89, 155, 163 (1978).

[27] Wright, The Pretrial Conference, 28 F.R.D. 37, 141, 147 (1962).

[28] Will / Merhige / Rubin, Settlement (Fn. 1) S. 211.

[29] Crandell v. United States, 703 F.2d 74, 75 (1973); First Wisc. Nat. Bank of Rice Lake v. Klapmeier, 526 F.2d 77, 80 (1975).

[30] Air Transport Ass'n v. Professional Air Traffic Contr. Org., 313 F.Supp. 181, 190 (190).

[31] Crandell (Fn. 29) S. 75.

[32] First Wisc. Nat. Bank (Fn. 29) S. 80.

7. Magistrates und Masters

Diese Arbeit hat sich bisher ausschließlich auf den Richter bezogen. Man darf jedoch nicht Aufgabe und Funktion derer zu erwähnen vergessen, die im Laufe des Verfahrens ebenfalls mitwirken (können): Magistrates und Masters. Soweit deren Befugnisse den Rahmen dieser Untersuchung berühren, sollen sie im folgenden erörtert werden.

7.1. Der Magistrate

Die Position des United States Magistrate wurde 1969 eingeführt.[1] Anlaß waren die Unzufriedenheit über die Funktion des ‚Commissioner' (im Strafverfahren) sowie die Fallbearbeitungsrückstände — im Straf- wie Zivilverfahren — in vielen Gerichtsbezirken.[2]

Der Magistrate wird von den Richtern eines District Court für eine Amtszeit von vier (part-time) oder acht (full-time) Jahren ernannt, zuvor muß er mindestens fünf Jahre Mitglied einer bestimmten Rechtsanwaltskammer gewesen sein. Die Befugnisse des Magistrate auf dem Gebiet des Zivilverfahrens sind in 28 U.S.C. § 636(b), (c) und eventuell ergänzenden Local Rules geregelt. Es können ihm vor allem richterliche pretrial-Aufgaben übertragen werden, mit Ermächtigung des Richters und nach ausdrücklicher Zustimmung der Parteien auch die Entscheidung des gesamten Rechtsstreits.

Sehr viel schwerer als die Aufzählung der gesetzlichen Befugnisse fällt zu beschreiben, welche Aufgaben dem Magistrate in der Gerichtspraxis tatsächlich übertragen werden. Da dies jeweils von dem Richter abhängt, dem der Magistrate zugeordnet ist, unterscheidet sich seine Tätigkeit von Gerichtsbezirk zu Gerichtsbezirk, ja sogar von einem Richter zum anderen innerhalb eines District Court.[3] Die konkrete Aufgabenzuordnung hängt ab von

— der Zahl der vom Richter zu bewältigenden Fälle,

— dem Verfahrensverständnis des Richters,

— der Arbeitsweise des Richters, und nicht zuletzt

— dem persönlichen gegenseitigen Verstehen.[4]

---

[1] 28 U.S.C. § 631 ff.

[2] Silberman, Masters and Magistrates, P. II, 50 N.Y.U.L.Rev. 1297, 1298 (1975).

[3] Note, Article III Constraints and the Expanding Civil Jurisdiction of Federal Magistrates: A Dissenting View, 88 Yale L.J. 1023, 1027 (1979); Silberman, P. II (Fn. 2) S. 1300—1302.

[4] Silberman, P. II (Fn. 2) S. 1300 f.

Gerade in den letzten Jahren hat die schon in anderem Zusammenhang angesprochene Verfahrensphilosophie viele Anhänger gewonnen, daß den Parteien dann am meisten Gerechtigkeit zuteil wird, wenn der Richter selbst das Verfahren von Anfang bis Ende begleitet. Es wird außerdem geltend gemacht, daß die *richterliche* Verfahrenskontrolle Schnelligkeit und Übersichtlichkeit des Rechtsstreits fördere.[5] Die Einführung des ‚individual assigment system' folgte aus dieser Haltung.[6] Wenn der Richter dem Magistrate die pretrial-Verhandlungen überträgt, kann er ihn zwar anhalten, eine erwünschte Verfahrensgestaltung zu befolgen, er versäumt aber unmittelbare Eindrücke und Kenntnisse des Rechtsstreits. Dazu kommt, daß der Magistrate vielleicht mehr Zeit, aber weniger Autorität als der Richter hat mit der Folge, daß die Parteien der richterlichen Kontrolle wieder mehr entgleiten. Das ergibt sich nicht aus den rechtlichen Befugnissen des Magistrate — diese sind ja von den richterlichen abgeleitet und entsprechen ihnen völlig, soweit sie übertragen werden —, sondern aus dem Bewußtsein der Parteien, es nicht mit dem ‚ultimate trier of law (-and fact)' zu tun zu haben.

Der Congress war bei der Schaffung des ‚Magistrates Act' davon ausgegangen, daß der Magistrate dem Richter in pretrial- und discovery-Verfahren eine große Hilfe sein könnte.[7] Aus den oben genannten Gründen ist die ihnen zugedachte Hilfe von den Richtern sehr unterschiedlich angenommen worden. So reicht der Einsatz der Magistrates in Zivilverfahren von der Zuweisung einzelner ‚motions' und anderer Einzelaufgaben bis hin zur automatischen Übertragung der gesamten pretrial-Gestaltung einschließlich der Final Pretrial Conference.[8]

Unter dem Gesichtspunkt der in dieser Arbeit vorgegebenen Fragestellung ist wichtig festzuhalten, daß in der pretrial-Phase ein Magistrate an die Stelle des Richters treten kann, sowohl für einzelne Handlungen wie für das ganze Verfahren. Da der Magistrate aber dem Richter unmittelbar unterstellt ist und seine Befugnisse ein wesensgleiches Minus zu denen des Richters darstellen,[9] gilt das bisher zum Richter Ausgeführte grundsätzlich auch für die Handlungen des Magistrate.

---

[5] Pollack, Discovery, Its Abuse and Correction, 80 F.R.D. 219, 223 (1979).

[6] Silberman, Masters and Magistrates, P. I, 50 N.Y.U.L.Rev. 1070, 1107 (1975).

[7] Silberman, P. II (Fn. 2) S. 1338.

[8] Ebd., S. 1339 f.

[9] „... the function of a trial judge in a federal court, and *likewise* a federal magistrate in an evidentiary hearing, is ...", Williams v. Estelle, 566 F.Supp. 1376, 1378 (1983).

7.2. Der Master

Die Einsetzung von ‚Special Masters' geht auf die englische chancery-Praxis zurück und wurde schon in kolonialen Tagen von amerikanischen Gerichten übernommen.[10] Seit der Einführung der Federal Rules of Civil Procedure richten sich Berufung und Tätigkeit eines Masters nach R. 53 Fed.R.Civ.P. Die Erläuterung des Begriffs ‚Master' in R. 53(a) Fed.R. Civ.P. verdeutlicht, daß damit eine Reihe vielfältiger Einsatzmöglichkeiten abgedeckt werden soll: „As used in these rules the word ‚master' includes a referee, an auditor, an examiner, a commissioner, and an assessor." Der Master ist ein am übrigen Prozeß nicht beteiligter Dritter, der vom Richter für eine ganz bestimmte Aufgabe eingesetzt wird. Die Funktion kann einem Magistrate oder einer gerichtsfremden Person mit speziellen Kenntnissen übertragen werden.

Inhaltlich läßt sich die Aufgabe des Masters folgendermaßen umreißen: Er soll

— Tatsachen erforschen und übersichtlich aufbereiten helfen; und/oder
— das Gericht in komplexen oder schwer verständlichen Fachgebieten beraten.

Seine Funktion ist weit umfassender als die des Sachverständigen.[11] Unzählige Aufgaben der verschiedensten Art sind schon auf Master übertragen worden. Sie reichen von der Überwachung der discovery in Großprozessen,[12] der Abwicklung einzelner discovery-Maßnahmen (kurz: prozessualen Problemen aller Art) bis hin zur Entwicklung eines Tabak-Marketingplans in einem Kartellverfahren.[13]

Diese Übertragung von Aufgaben und Befugnissen, die an sich dem Richter zukommen, ist jedoch stark beschränkt. Die Verweisung an einen Master soll die Ausnahme, nicht die Regel sein. In Jury-Prozessen darf sie nur angeordnet werden, wenn der Sach- und Streitstand (issues) schwierig und verwickelt ist, in einem Rechtsstreit ohne Jury gar nur dann, wenn außergewöhnliche Bedingungen den Einsatz eines Masters verlangen.[14] Diese Bestimmung ist eng auszulegen,[15] auf keinen Fall darf der Richter seiner Aufgabe so weit entsagen, daß die Parteien ihren An-

---

[10] Kaufman, Masters in the Federal Courts: Rule 53, 58 Col.L.Rev. 452 (1958).

[11] Hart v. Community School Bd. of Brooklyn, N.Y.Sch.D.No. 21, 383 F.Supp. 699, 764 (1974).

[12] First Iowa Hydro Elec. Coop. v. Iowa Illinois Gas & Co., 245 F.2d 613, 624 ff. (1957).

[13] Danville Tobacco Ass'n, Inc. v. Bryant Bruckner Associates, 333 F.2d 202, 208 f. (1964); eine Zusammenstellung der verschiedenen Einsatzmöglichkeiten findet sich in Hart (Fn. 11) S. 764, 767.

[14] R. 53(b) Fed.R.Civ.P.

[15] La Buy v. Howes Leather Co., 352 U.S. 249 (1957).

spruch auf ein Verfahren vor dem *Richter* verlieren. Angemessen ist die Inanspruchnahme eines Masters nur in begründeten Ausnahmefällen, vornehmlich bei der Aufklärung der issues im pretrial-Verfahren und als Ratgeber für das Gericht. Der Master soll den Richter bei der Aufbereitung der Entscheidungsgrundlagen unterstützen, die Entscheidung selbst obliegt immer dem Richter.[16]

De iure kann der Master nur innerhalb der dem Richter gesetzten Sachaufklärungsgrenzen eingesetzt werden. De facto wirkt er aber als verlängerter Arm des Richters, er vergrößert dessen Aufklärungsreichweite. Denn der Master wird ja gerade deswegen beauftragt, weil der Richter selbst in einem solchen Fall nicht die nötige Zeit aufbringen kann und/oder nicht die erforderlichen Kenntnisse hat. Mit großer Wahrscheinlichkeit unterbliebe also ohne den Master die entsprechende Aufklärungsmaßnahme, der Richter müßte aufgrund eines beschränkteren Kenntnisstandes urteilen.

---

16 So schon Ex parte Peterson, 253 U.S. 300, 304, 313 (1919); First Iowa Hydro (Fn. 12) S. 625—627.

3. Abschnitt

Die Hauptverhandlung

1. Die Spielregeln der Hauptverhandlung Welche Aufgabenverteilung besteht zwischen dem Richter und den Anwälten?

In der Hauptverhandlung schlägt die Stunde der Anwälte. Ihr Recht und ihre Aufgabe ist es, eingangs die Jury in den Sach- und Streitstand einzuführen, dann die Zeugen zu befragen und — als Krönung — ins Kreuzverhör zu nehmen, die anderen Beweismittel vorzulegen und zu erläutern und schließlich das von ihnen erarbeitete — oft genug erkämpfte — Ergebnis in einem Schlußplädoyer zu würdigen. Die Hauptverhandlung wird vom Darlegungswettstreit der Parteien geprägt,[1] hier wird das adversary system deutlich und lebendig. Der Gerichtssaal bildet die Wettkampfarena, beim Streit um den Sieg beherrschen taktische Winkelzüge und eine Darstellungstechnik, die einem Drama alle Ehre machen würde, das Geschehen.[2] Der Ablauf einer Hauptverhandlung ähnelt in den Augen eines Kontinentaleuropäers verblüffend den Gerichtsszenen, die in manchen amerikanischen Kriminalfilmen vorkommen.

Die Anspielung auf den Strafprozeß mag überraschen, da dieser nach unseren Vorstellungen vom Zivilrecht abweichenden Verfahrensmaximen folgt. In Amerika jedoch unterscheiden sich Straf- und Zivilprozesse in der Gestaltung der Hauptverhandlung kaum. Hie wie da gelten in der Regel die gleichen Verfahrensgrundsätze,[3] so daß bei der Erörterung und Entscheidung zivilprozessualer Fragen, die die Hauptverhandlung betreffen, sowohl zivil- wie strafrechtliche Vorentscheidungen herangezogen werden,[4] oft genug, ohne auf diesen Aspekt überhaupt einzugehen.[5]

---

[1] Wigmore, Evidence, § 8c (S. 285).

[2] Frank, Courts on Trial, S. 80—85.

[3] Die Federal Rules of Evidence gelten für Zivil- wie Strafrecht, R. 101, 1101 (b) Fed.R.Evid.

[4] Anderson v. Great Lakes Dredge & Dock Co., 509 F.2d 1119, 1131 (1975); La Barge Water Well Supply Company v. United States, 325 F.2d 798, 802 (1963); Stuckey v. Andrews, 249 F.2d 828, 830 f. (1958); Crove v. Di Manno, 225

Wenn man bei der beliebten Sportterminologie bleiben will und die Parteianwälte als Spieler des Wettkampfs bezeichnet, welche Rolle kommt dann dem Richter zu? Die des Schiedsrichters natürlich, würde jeder Anhänger der klassischen adversary-Theorie ohne einschränkendes Wenn und Aber antworten.[6] Auf die Aufgabenverteilung während der Hauptverhandlung bezogen ist an dieser Charakterisierung unverändert mehr als nur ein Körnchen Wahrheit. Der Richter ist sicherlich nicht ein Holzklotz, der von den Parteien beliebig bearbeitet werden kann,[7] sondern im Gegenteil eine den Rechtsstreit mit absoluter Autorität dominierende Persönlichkeit. Soweit die Parteien aber die Spielregeln beachten und die Suche nach der Wahrheit nicht zu arg in den Hintergrund rücken, hält sich der Richter mit Eingriffen in die von den Parteien betriebene Verhandlung zurück.

Diese Feststellung zieht wie alle Pauschalurteile ein Aber nach sich. Der Richter mag häufig keinen Anlaß sehen, sich durchgehend aktiv an der Hauptverfahrensgestaltung zu beteiligen. Wenn er sich aber in das Verfahren einschalten möchte, kann er auf eine — an den Grundvorstellungen des adversary system gemessen — erstaunliche Fülle von Befugnissen zurückgreifen. Da Untersuchungsgegenstand dieser Arbeit vor allem die *rechtlichen* Möglichkeiten des Richters sind, Streitgegenstand wie Verfahrensgestaltung zu beeinflussen, soll im folgenden der Umfang seines *rechtlichen Könnens* ausgelotet werden, ohne freilich die Umsetzung in die Praxis zu vergessen.

Sofern der Rechtsstreit ‚at common law‘ begründet ist, haben die Parteien ein Recht darauf, daß eine Jury über die Tatsachen befindet.[8] Nur in equity-Fällen entscheidet der Richter über Tatsachen und Recht. Beide Modi richten sich in den Grundzügen nach den gleichen Verfahrensregeln. Im jury-trial wird der Richter jedoch um manche Aufgaben entlastet, andere kommen hinzu. Einerseits braucht der Richter nicht über die Tatsachen zu entscheiden, andererseits gewinnt er die Verpflichtung, die Jury belehren und unlautere Beeinflussungsversuche abwehren zu müssen. So entspricht das Verhalten des Richters gegenüber den Parteien im jury-trial nicht ganz dem in einer Hauptverhandlung

F.2d 652, 655 (1956); Chalmette Petroleum Corp. v. Chalmette Oil Dis. Co., 143 F.2d 826, 828 f. (1944).

5 So z. B. wird in Russell v. Monongahela Railway Company, 262 F.2d 349, 353 (1958) ohne weiteres Bezug genommen auf Kettenbach v. United States, 202 F. 377, 385 (1913) ⟨Strafprozeß⟩.

6 In den Worten von Lord Hewart C. J.: „In civil cases the dispute is between the parties and the judge merely keeps the ring ...“, Rex v. Harris, ⟨1927⟩ 2 KB 587, 590.

7 „... judge is not a bump on a log ...“, Evans v. Wright, 505 F.2d 287, 289 (1974).

8 R. 38 Fed.R.Civ.P.

ohne Jury. Ich werde deswegen zunächst die Rolle des Richters in Verfahren mit der Jury erörtern und daran anschließend die Abweichungen im non-jury trial aufzeigen.

2. Die Ermittlung des Sachverhalts und die Vorstellung der Beweismittel

2.1. Die Befugnis des Richters, Zeugen zu befragen

Es gehört zu den Axiomen des adversary system, daß der Richter seine Verfahrensleitung vor allem an zwei Zielen ausrichtet: Herauszubekommen, was wirklich vorgefallen ist und, darauf fußend, zwischen den Parteien Gerechtigkeit walten zu lassen.[9] Aber: Nicht nur die vorbereitende Fallaufklärung liegt in den Händen der Parteien, sondern auch die Vorstellung der einzelnen Zeugen einschließlich ihrer Befragung in der Hauptverhandlung.[10] In einem idealen adversary-Modell würden sich gleich fähige Parteianwälte gegenseitig kontrollieren und durch ihren Wettstreit den wahren Sachverhalt ans Tageslicht befördern; dem Richter fiele das Ergebnis quasi in den Schoß.[11]

Diese Annahme wird von vielen amerikanischen Juristen für blauäugig gehalten. In Wirklichkeit liege den Parteien einzig daran, einen Vorteil erreichen zu können, Wahrheit hin, Wahrheit her.[12] Der adversary-Zeugenvernehmungstechnik entspräche es, einem operierenden Chirurgen Pfeffer in die Augen zu streuen.[13] Ein guter Anwalt wird nicht zuletzt daran gemessen, ob es ihm gelingt, einen für die eigene Partei nachteilig aussagenden Zeugen, mag er auch die Wahrheit berichten, so zu verunsichern, daß dieser in den Augen von Jury und Richter seine Glaubwürdigkeit einbüßt. Leitfäden für die anwaltliche Tätigkeit widmen diesem Aspekt einigen Raum.[14] Die Anwälte sind nicht durchgängig ‚Wahrheitsverhinderer', das hieße ihre Funktion überzeichnen, aber eine gewisse Tendenz dazu kann nicht verleugnet werden. Dies entspricht auch ihrem Rollenverständnis, sie verstehen sich als Parteivertreter reinsten Wassers.

---

[9] Heron v. Heron, 393 F.2d 652, 656 (1968); Moore v. Strong, 360 F.2d 71, 78 (1966); Knapp v. Kinsey, 232 F.2d 458, 466 (1956).

[10] Mc Cormick, Evidence, § 8 (S. 12).

[11] James & Hazard, Civil Procedure, § 1.2 (S. 5).

[12] Frankel, The Search for Truth, An Umpireal View, 123 U.Pa.L.Rev. 1031 (1975); Uviller, The Advocate, The Truth, and Judicial Hackles: A Reaction to Judge Frankel's Idea, 123 U.Pa.L.Rev. 1067, 1068 (1975); James & Hazard, Civil Procedure, § 1.2 (S. 7 f.).

[13] Frank (Fn. 2) S. 85.

[14] Ebd., S. 82—84.

Die oben angesprochenen Vorstellungen, in eine adversary-Verfahren hätten die Parteien das Recht, die Hauptverhandlung zu führen, und der Richter die Pflicht, nur bei Spielregelverletzungen oder auf Antrag tätig zu werden, prägen zutiefst das anwaltliche Selbstverständnis. So beklagen sich die Anwälte in der Revision immer wieder, daß der Richter überhaupt in ihre Verhandlungsführung und ihre Zeugenbefragung eingegriffen habe. Die Anwälte sind mit gutem Grund empfindlich. Das Zeugenverhör macht das Kernstück der anwaltlichen Hauptverhandlungsarbeit aus. Es wird oft von taktischen Aspekten beherrscht, seine Gestaltung bildet einen wesentlichen Teil der Verhandlungsstrategie.

Das ist die Situation, der der Richter in der Hauptverhandlung gegenübersteht. Was kann er unternehmen, wenn er den Eindruck gewinnt, der Sachverhalt werde nicht richtig aufgeklärt und die Zeugen würden nur auf gewisse Teilaspekte hin befragt?

Ein Federal District Court Judge ist kein Karriererichter nach kontinentalem Vorbild, sondern er war bis zu seiner Ernennung praktizierender Anwalt. In diesem Beruf hat er seinen juristischen ‚Schliff' bekommen, er ist mit den Ansichten dieses Standes bestens vertraut. Daraus folgt aber nicht, daß er als Richter so handelt, wie er es zuvor als Anwalt vom Richter vielleicht gefordert hatte. Die neue Aufgabenstellung bedingt einen anderen Blickwinkel, anstelle der Verantwortung für eine Partei tritt die Verpflichtung, ein faires Verfahren für alle Prozeßbeteiligten zu gewährleisten.

Wie schon im pretrial gilt auch für die Hauptverhandlung: Dem Richter wird für seine Verfahrensleitung und das Ausmaß seiner Beteiligung an der Verhandlung, soweit es über die Abhandlung von motions hinausgeht, ein weites Ermessen eingeräumt.[15] Jeder Richter hat seine eigene Art, das Verfahren zu leiten und seine eigenen Vorstellungen über eine angemessene richterliche Beteiligung an der Hauptverhandlung. Während der eine etwas abgehoben und zurückhaltend die Verfahrensgestaltung einschließlich der Zeugenbefragung gänzlich den Parteien überläßt, bevorzugt ein anderer ein straffes Regiment.[16] Grob unterteilt finden sich Anhänger zweier verschiedener Richtungen: Die einen folgen dem active judge-Konzept, die anderen bevorzugen die umpire-Rolle. Im Vordergrund stehen allerdings weniger solch theoretische Leitbilder als pragmatische Gesichtspunkte, im übrigen sind die Übergänge zwischen aktiven und passiven Richtern fließend.

---

[15] Excel Handbag Co. v. Edison Bros. Stores, 630 F.2d 379, 388 (1980); Manchack v. S/S Overseas Progress, 524 F.2d 918, 919 (1975); Kolman v. Jacoby, 419 F.2d 395 (1969).

[16] La Barge Water Well Supply Co. v. United States, 325 F.2d 789, 802 (1963).

Die jeweiligen Befürworter der verschiedenen Verfahrensphilosophien sind sich über die Grundpositionen einig:

— Der Gerichtssaal ist etwas mehr als nur eine Arena für einen Wettkampf von Rechtsmatadoren; und

— die Aufgaben eines Richters gehen über die eines Schiedsrichters oder die eines Diskussionsleiters einer Gemeindeversammlung hinaus.[17]

Schließlich habe der Richter bei seiner Einführung nicht geschworen, fortan zu schweigen, sondern dem Gesetz zu folgen und Gerechtigkeit walten zu lassen.[18] Die Begriffe Gerechtigkeit und Wahrheitsfindung sind dann auch Ausgangspunkt aller Erörterungen über das Ob und Wie richterlicher Zeugenbefragung.[19]

Es wird allgemein anerkannt, daß der Richter grundsätzlich das Recht hat, einen Zeugen zu befragen.[20] Niemand kann ihn zwingen, sich auf die passive Position des Diskussionsleiters zurückzuziehen.[21] Ob er umgekehrt aber auch die Pflicht haben kann, sich in die Zeugenbefragung einzuschalten, ist stark zu bezweifeln. Dagegen spricht das ihm eingeräumte weite Ermessen, dessen offenkundiger Mißbrauch erst revisionserheblich wäre.[22] In manchen Entscheidungen wird zwar eine Fragepflicht des Richters erwähnt, es gibt aber keine Revisionsentscheidung, die eine solche Pflicht expressis verbis statuiert.[23] Die in diesen Urteilen angesprochene ‚duty' ist weniger als Pflicht anzusehen, sondern eher als ein bestätigendes ‚das war schon vernünftig und recht so', als Rückenstärkung für Richter, die mehr als nur ‚automatische Rechtsorakel'[24] sein wollten.

---

[17] Anderson v. Louisiana & Arkansas Railway Co., 457 F.2d 784, 785 (1972); Hite v. Western Maryland Railway Co., 217 F.2d 781, 783 (1954).

[18] Reyes v. Wyeth Laboratories, 498 F.2d 1264, 1293 (1974).

[19] Als Beispiel für viele Formulierungen ähnlicher Art: „It is his function to conduct the trial in an orderly way with a view to eliciting the truth and to attaining justice between the parties ...", Heron v. Heron, 393 F.2d 652, 656 (1968).

[20] R. 614(b) Fed.R.Evid.; Beetler v. Sales Affiliates, Inc., 431 F.2d 651 (1971); Patterson v. United States, 413 F.2d 1001, 1003 (1969); Sleek v. J. C. Penney Co., 324 F.2d 467, 476 f. (1963).

[21] Nordmann v. National Hotel Company, 425 F.2d 1103, 1109 (1970).

[22] Excel Handbag Co. (Fn. 15) S. 388.

[23] „... trial judge has power and *duty* to elicit the truth *by asking* of witnesses questions tending to develop material clarification.", Moore v. Strong, 360 F.2d 71, 77 f. (1966); „... entirely proper and the *duty* of the trial judge to ask such questions as he thought *necessary* to *get* to the truth of the case." „... counsel strenuously complains that the trial judge questioned the witnesses ... to bring out the facts of the case. This is *precisely* what he *should have done.*", Hite v. Western Maryland Railwey Co., 217 F.2d 781, 783 (1954); „... judge ... has a *duty* to see that the *facts* are *clearly presented* and may ask pertinent questions of the witnesses to that end ...", Pariser v. City of New York, 146 F.2d 431, 433 (1945); Mc Cormick, Evidence, § 8 (S. 12).

Wenn der Richter demnach Zeugen wohl befragen kann, aber nicht muß, bleibt zu klären, welchen Spielraum er bei der Befragung hat. Anlaß zum Eingreifen ist, wie schon angesprochen, der Eindruck, bei der Wahrheitsfindung ein wenig nachhelfen zu müssen und der Versuch, den Parteien nicht nur formal, sondern auch materiell gerecht zu werden.[25]

Den ersten Zugriff auf die Zeugen haben immer die Parteianwälte. Ergibt sich im Lauf der Befragung, daß die issues dabei weniger geklärt als vernebelt werden, so kann der Richter zu seinem und vor allem der Jury Verständnis zusätzliche Fragen stellen.[26] Denn die Jury kann nur dann zu einem ‚richtigen' verdict kommen, wenn die entscheidungserheblichen Tatsachen offenbar geworden sind. Es muß bei den Versuchen des Richters, Zeugen zu klaren und umfassenden Aussagen zu veranlassen, jedoch bedacht werden, daß sich dies auf die Einschätzung niederschlägt, die sich die Jury vom Parteivortrag bildet.[27] Sein Verhalten muß daher immer von Fairness und Unparteilichkeit geprägt sein.[28] Er überschreitet die Grenzen seiner richterlichen Befugnisse, wenn er zum Anwalt der einen oder anderen Partei wird.[29] Diese knapp und eingängig formulierten Grundsätze bilden zwar allgemein die Richtschnur, im konkreten Fall werden sie jedoch unterschiedlich eng oder weit ausgelegt.

Vom Standpunkt der Anwälte aus ist jede zusätzliche Frage des Richters eine Gefahr für die Verhandlungsstrategie, die dadurch gewonnenen Informationen können die eine oder andere Partei bevorzugen oder benachteiligen. Andererseits kann und braucht der Richter sich nicht an die Fragevorgaben der Anwälte zu halten. Denn er stellt ja gerade deswegen zusätzliche Fragen, weil die Vernehmung der Anwälte für ihn und die Jury keine hinreichende Klarheit darüber ergeben hat, wie es wirklich gewesen ist. Dafür so weit wie möglich zu sorgen, gehört aber zu den vornehmsten Aufgaben des Richters.[30] Die dem Richter aufgetra-

---

[24] In Myers v. George, 271 F.2d 168, 173 (1959) wird Rudd v. United States, 173 F. 912, 914 zitiert: „A judge should be not a mere automatic oracle of the law but a living participant in the trial."

[25] Patterson v. United States, 413 F.2d 1001, 1003 (1969), „... to guarantee that *substantial* justice is done."

[26] Heron v. Heron (Fn. 19) S. 656, „... it is his duty to see that the issues are not obscured and that the testimony is not misunderstood."; gleichlautend Knapp v. Kinsey, 232 F.2d 458, 466 (1956).

[27] Gibson v. Erie-Lackawanna R. R. Co., 378 F.2d 476 (1967).

[28] Nordmann (Fn. 21) S. 1109.

[29] Gibson (Fn. 27) S. 476; Rasmussen Drilling v. Kerr Mc Gee Nuclear Corp., 571 F.2d 1144, 1154 (1978); „In questioning a witness the court should maintain an impartial attitude and should not become an advocate for one side or the other.", Smith v. Welch, 189 F.2d 832, 837 (1951).

[30] Siehe Fn. 9 und 19.

gene ‚material clarification'[31], also eine inhaltliche, nicht nur formale Klärung, bezieht sich sowohl auf die Gewinnung zusätzlicher Informationen wie auch darauf, konfuse Befragungen und Aussagen zu ordnen[32] und Maßverständnisse zu verhindern.[33] Eine Partei kann sich daher in der Revision nicht darauf stützen, das erst vom Richter Erfragte habe ihre eigene Sachverhaltsdarstellung ungünstig beeinflußt und damit ihrer Prozeßstrategie geschadet.[34] Der Richter bewegt sich solange innerhalb seiner Befugnisse, wie er seine Befragung sachlich, also ohne eine Partei anzufeinden, und sachbezogen, also auf Klarstellung der issuses gerichtet, durchführt.

Eine Revision ist erfolgversprechend, wenn dargelegt werden kann, daß der Richter den Parteien kein faires Verfahren gewährt hat — deprived of their right to a fair and impartial trial.

Solange Vorurteile durch ein abfälliges, mit sarkastischen Bemerkungen durchsetztes Frageverhalten des Richters aufgezeigt werden können, ist die Aufhebung des daraus folgenden Urteils durch das Revisionsgericht wenig problematisch.[35] Da das Gerichtsprotokoll über einen aktiven Richter naturgemäß umfassender ist als über einen, der seine Verfahrensleitung auf wenige Worte beschränkt, mag auch die Gefahr der Aufhebung eines Urteils wegen einer Frage oder Bemerkung größer sein, eine notwendige Folge ist sie nicht. Ebenso wenig ist die Leitung eines zurückhaltenden Richters notwendig fair: „A timid judge, like a biased judge, is intrinsically a lawless judge."[36]

Schwieriger zu beurteilen sind die Fälle, bei denen der Richter in der Art und Weise seiner Befragung neutral bleibt, aber die Parteien mehr oder minder aus ihrem ‚Recht des ersten Zugriffs' verdrängt und die Zeugenvernehmung selbst übernimmt. So z. B., wenn ein achthundertseitiges Protokoll über die Zeugenvernehmung kaum eine Seite ohne

---

[31] Moore v. Strong (Fn. 23) S. 78.

[32] Sleek v. J. C. Penney Co., 324 F.2d 467, 477 (1963).

[33] Nordmann (Fn. 21) S. 1109.

[34] Stuckey v. Andrews, 249 F.2d 828, 831 (1958), „Although this questioning was unfavorable to the defendant, in an adversary proceeding that cannot be the test of the judge's impartiality if he is to be allowed to ask questions at all; the enquiry must almost necessarily help or hurt a particular party if it elicits any significant information."; Hite v. Western Maryland Railway Co., 217 F.2d 781, 783 (1954).

[35] Wenn dem Richter etwa vorgeworfen wird: „It is *earnestly contended* that the trial court made a mockery of the trial by reason of certain remarks made during the course of the trial, variously referred to as *unsolicited, jocular, belittling, witty, unjudicial, and prejudicial* ...", und das Revisionsgericht zusammenfaßt: „In jury trials the trial judge should be cautions and circumspect in his language and conduct before the jury.", Myers v. George, 271 F.2d 168, 170, 174 (1959).

[36] Wilkerson v. Mc Carthy, 336 U.S. 53, 65.

richterliche Fragen, Feststellungen oder Bemerkungen enthält. Der erste Court of Appeals hatte dies, für sich allein genommen, noch nicht für angreifbar gehalten.[37] Allgemein wird man jedoch feststellen müssen, daß eine extensive richterliche Beteiligung an der Zeugenbefragung zu einer Aufhebung des Urteils führen kann.[38] Denn ein Anwalt hat grundsätzlich das Recht, seinen Mandanten von dessen guter Seite vorstellen zu dürfen, auch insoweit, als sich diese in den Zeugenaussagen spiegelt.[39]

In einige Revisionsentscheidungen wurde ausgeführt, daß der Richter, statt selbst zu fragen, genauso gut den Anwälten die Vernehmung hätte überlassen können, da immer die Gefahr der ‚overparticipation' bestehe.[40] Wegen des weiten Ermessen des District Court Judge begründet diese Feststellung allein jedoch in der Regel keine Aufhebung des Urteils, sie hat mehr den Charakter eines unverbindlichen Ratschlags. Wenn sich allerdings ergibt, daß der Richter ‚seine Robe fallengelassen' oder sich darüber hinaus, Bestrittenes als eindeutig hinstellend, auch noch quasi als Zeugen eingeführt hat, ist die Revision erfolgreich.[41]

Auch diejenigen, die den Richter lieber in der klassischen, passiven Rolle bei der Zeugenbefragung sehen, wollen ihm nicht rundweg das Fragerecht absprechen. Obwohl diese Befugnis in den Augen des einen oder anderen an sich den Grundprinzipien des adversary system zuwiderläuft,[42] soll der Richter zumindest die Frage stellen dürfen, die danach schreien, gefragt zu werden.[43] Bei größeren Unklarheiten sei es für den Richter hingegen besser — *nicht:* einzig zulässig —, die Anwälte außer Hörweite der Jury auf Unstimmigkeiten hinzuweisen und darum zu bitten, seinen Vorschlägen entsprechend zu verfahren.[44] Dieser Vorschlag ändert am Einfluß des Richters im Ergebnis nichts. Durch die indirekte anstelle der direkten Einwirkung wird lediglich der Jury gegenüber der Schein der reinen Parteiherrschaft aufrechterhalten.

---

37 Crove v. Di Manno, 225 F.2d 652, 655 (1955).

38 Damaska, Presentation of Evidence and Factfinding Precision, 123 U.Pa. L.Rev. 1083, 1090 f. (1975).

39 Anderson v. Louisiana & Arkansas Railway Co., 457 F.2d 784, 785 (1972), „... counsel should be permitted, within proper bounds, to try his case his own way. While the advocate has the priviledge of putting his client's best foot forward ..."

40 Anderson v. Great Lakes Dredge & Dock Co., 509 F.2d 1119, 1131, 1133 (1975); Pollard v. Fennell, 400 F.2d 421 (968); Groce v. Seder, 267 F.2d 352, 354 f. (1959); Stuckey v. Andews, 249 F.2d 828, 830 f. (1958).

41 Pollard (Fn. 40) S. 424.

42 Saltzburg, The Unnecessarily Expanding Role of the American Trial Judge, 64 Virg.L.Rev. 1, 55 (1978).

43 Damaska (Fn. 38).

44 Saltzburg (Fn. 42) S. 61 ff.; Jackson v. United States, 329 F.2d 893 f. (1964).

2.2. Die Befugnis des Richters, unabhängig von Parteianträgen Zeugen zu berufen

Im vorstehenden Abschnitt über die richterliche Zeugenbefragung wurde stillschweigend davon ausgegangen: Zu den Charakteristika des anglo-amerikanischen Verfahrens zählt, daß den Parteien neben der Beweis- auch die prozessuale Beweis*beibringungs*last obliegt.[45] Die (vorwiegende) Herrschaft der Parteien über das Verfahren beinhaltet die Pflicht, die Zeugen beizubringen und entsprechend der Beweislast in den Prozeß einzuführen. Von Richter und Jury hingegen wird eine eigenständige Beweisermittlung nicht erwartet.[46]

Grundsätzlich also kümmern sich die Parteien um die Zeugen, nicht der Richter. Wird damit aber auch zwingend ausgeschlossen, daß der Richter von sich aus, ohne den entsprechenden Antrag einer Partei, Zeugen überhaupt berufen darf? Wie verhält es sich z. B., wenn die streitige issue durch eine Zeugenaussage aufgeklärt werden könnte, keine der Parteien aber den fraglichen Zeugen aufbietet? Wird der Antrag an den Richter, herauszufinden, wie es wirklich gewesen ist, begrenzt durch das Recht der Parteien, über den Prozeßgegenstand und selbst über die Zeugen verfügen zu können?

In Anbetracht der Kritik, die schon bei einer stärkeren Beteiligung des Richters an der Zeugenbefragung laut wird, ist man geneigt anzunehmen, daß diesem keine Befugnis zusteht, von sich aus Zeugen zu berufen. Er überrascht daher (nicht nur) manchen amerikanischen Juristen, wenn er herausfindet: De iure darf das Gericht auf Zeugen ‚on its own motion' zurückgreifen — R. 614(a) Fed.R.Evid.[47] Diese Befugnis ist nicht erst mit den Federal Rules of Evidence in den siebziger Jahren geschaffen worden, sondern geht auf eine alte Tradition des common law-Richters zurück.[48] Ausgeübt wurde sie bislang vorwiegend in Strafprozessen, während sie für Zivilverfahren wohl gleichermaßen gilt, aber äußerst selten angewandt wird.[49]

Für die Zeugenberufung durch den Richter kommen zwei verschiedene Gründe in Frage. Der erste liegt in der Regel begründet, Zeugen

---

[45] Wigmore, Evidence, § 2483; James & Hazard, Civil Procedure, §§ 7.5—7.7, ‚burden of proof' bedeutet sowohl
— the risk of nonpersuasion, wie
— the duty of producing evidence.

[46] James & Hazard, Civil Procedure, § 7.6 (S. 241).

[47] „The court may, on its own motion or at the suggestion of a party, call witnesses ..."

[48] Wigmore, Evidence, § 2484; Mc Cormick, Evidence, § 8 (S. 13 f.).

[49] Notes of Advisory Committee on Proposed Rules, R. 614 Fed.R.Evid. 50 R. 611(c) Fed.R.Evid.

der sie berufenden Partei zuzuordnen mit der prozessualen Folge, daß eine Partei ‚ihrem' Zeugen keine ‚leading questions' stellen darf.[50] Des weiteren durfte früher die Glaubwürdigkeit des eigenen Zeugen nicht bestritten werden (‚voucher rule'-impeachment); diese Beschränkung ist weggefallen.[51] Der wesentliche Beweggrund für eine Partei, einen Zeugen nicht zu benennen, ist aber weniger im Verbot von leadings questions als in der Furcht zu sehen, Inhalt und Wirkung einer Aussage nicht abschätzen zu können. Die Parteien sorgen sich darum, gegenüber der Jury an Glaubwürdigkeit zu verlieren, wenn ein ‚eigener' Zeuge ungünstig aussagt. So können Prozeßtaktik und -planung beider Parteien dazu führen, daß ein Zeuge wegen des für beide unwägbaren Risikos von keinem benannt wird, obwohl er zur Aufklärung des Sachverhalts beitragen könnte. In einer solchen Situation dürfte es den Parteien nicht unlieb sein, zumindest einen Teil des ‚Schwarzen Peters' an den Richter weiterzugeben. Beruft nämlich der Richter den Zeugen, dann werden die Parteien nicht von vornherein mit diesem assoziiert und können sich im Fall einer ungünstigen Aussage leichter von ihm distanzieren. Hier handelt es sich also weniger um eine eigenständige richterliche Fallaufklärung als einen richterlichen Freundschaftsdienst. Der Richter als deus ex machina, um den Parteien aus einer prozeßtaktischen Verlegenheit zu helfen.[52] Trotz dieses vorherrschenden Gesichtspunktes darf man nicht gänzlich unbeachtet lassen, daß die Zeugenberufung durch den Richter auch eine erweiterte Sachverhaltsaufklärung bedeutet, sofern die Parteien von sich aus den Zeugen keinesfalls zu benennen gewagt hätten.

Die richterliche Befugnis ist aber nicht auf die oben angesprochene Konstellation beschränkt. R. 614(a) Fed.R.Evid. ermächtigt den Richter ebenso, einen Zeugen nur aus eigenen Erwägungen heraus zu berufen. Da der Richter aber keine eigenen Ermittlungen anstellt, ist er weitestgehend von den Informationen der Parteien abhängig, was seinen Handlungsspielraum de facto stark einschränkt. Es ist ihm jedoch nicht verwehrt, Partei- und Zeugenvorträge auf weitere potentielle Zeugen hin zu überprüfen, wenn ihm die ‚orderly search for truth and justice' der Parteien nicht ausreicht.

---

50 R. 611(c) Fed.R.Evid.

51 R. 607 Fed.R.Evid.

52 „The case was tried disjointedly and under great difficulties. If neither party will risk calling a witness who knows important facts, it is the power of the court to call and examine such a witness, in the interest of truth and justice ...", Chalmette Petroleum Corp. v. Chalmette Oil Dis. Co., 143 F.2d 826, 828 f. (1944) — wohl der einzige Court of Appeals, der sich zu dieser Frage geäußert hat.

Um es noch einmal zu unterstreichen: Der Richter könnte de iure, realiter tut er es selten bis nie. Und wenn er einen Zeugen beruft, muß er einige Vorsicht walten lassen. In ‚Reserve Mining Co. v. Lord'[53] hatte District Court Judge Lord von sich aus, unabhängig von Parteianträgen, Zeugen berufen und vernommen. Er sah sich dazu durch das Verhalten der Anwälte von Reserve Mining und das geringe Geschick der gegnerischen Anwälte veranlaßt. Darüber hinaus finden sich im Protokoll allerdings einige Bemerkungen des Richters, die auf eine gewisse Unfreundlichkeit gegenüber Reserve Mining schließen lassen. Der Court of Appeals begründete die Aufhebung der Entscheidung jedoch nicht nur mit den unfairen Bemerkungen, sondern gleichzeitig mit der Tatsache, daß Richter Lord Zeugen von sich aus in die Verhandlung eingeführt hatte; die ‚Sünden' wurden addiert.[54] Das Resümee fiel deutlich aus: „A judge best serves the administration of justice by remaining detached from the conflict between the parties."[55] Daraus ist zu schließen, daß zumindest für einen konservativen Court of Appeals — der 8. Circuit genießt diese Einschätzung — wenig zur an sich zulässigen Zeugenberufung durch den Richter hinzukommen muß, um die Grenzen der Befangenheit zu erreichen. Kritiker verweisen den Richter denn auch lieber auf die Möglichkeit, den Parteien gegenüber einen ‚Zeugenwunsch' zu äußern und ihnen freizustellen, dem Begehren nachzukommen.[56]

Trotz mancher kritischer Bewertung bleibt aber festzuhalten, daß der Richter berechtigt ist, Zeugen von sich aus zu berufen.[57] Die Ausübung des Rechts liegt in seinem Ermessen, eine Pflicht hingegen wird man nicht annehmen können. Wigmore verneint sie rundweg.[58] Der einzige gegenteilige Beleg ist eine ‚dissenting opinion' von Justice Frankfurter in ‚Johnson v. United States'.[59] Er führt im wesentlichen aus: „Federal judges are not referees at prize-fights but functionaries of justice ... As such they have a duty of initiative to see that the issues are determined within the scope of the pleadings, not left to counsel's chosen argument ... he has the power to call and examine witnesses to elicit the truth ... *He surley has the duty to do so* before resorting to guesswork in establishing liability for fault." In jenem Rechtsstreit hatte der Richter aufgrund der ‚res ipsa loquitur rule' entschieden und zuvor nicht versucht,

---

[53] 529 F.2d181, 185 f. (1976).

[54] Ebd., S. 185.

[55] Ebd., S. 186.

[56] Saltzburg (Fn. 42) S. 71—74.

[57] „... the judge is not *imprisoned* within the case as made by the parties.", Notes of Advisory Committee on Proposed Rules, R. 614(a) Fed.R.Evid.

[58] Wigmore, Evidence, § 2484, „That he has no burden or duty of doing so is plain in the law."

[59] 333 U.S. 46, 54—56 (1947).

einen an der Schadensverursachung wesentlich Beteiligten als Zeugen zu hören — keine der Parteien hatte den Betreffenden angeboten.

Justice Frankfurter's Minderheitsvotum ist zumindest aus dem Kreis der Federal Courts keine Entscheidung gefolgt.

R. 614(a) Fed.R.Evid. hat sicherlich für nicht wenige Richter und Anwälte einen geradezu exotischen Charakter, daher bleibt das ‚Inquisitionsinstrument' in einer gewöhnlichen Hauptverhandlung außen vor. Aber: Die Befugnis des Richters, einen Zeugen von sich aus berufen zu können, ist durch die Aufnahme in die Federal Rules of Evidence eindeutig bestätigt worden; er dürfte, wenn er wollte.

In diesem Zusammenhang mag ein kleiner Exkurs in die englische Rechtspraxis interessant sein. Ursprünglich stand auch dem englischen High Court Judge das Recht zu, einen Zeugen unabhängig vom Antrag einer Partei zu berufen.[60] Diese Auffassung wurde später aufgegeben, und während die erste Entscheidung des Court of Appeal eine entsprechende Befugnis nur kurz und bündig verneint,[61] wird in einer bestätigenden zweiten[62] die dahinter stehende Verfahrensphilosophie deutlich: „The rule ‚In Re Enoch' is that a judge in a civil action must find out the truth so far as the parties are willing to allow him to arrive at it ... (Salter, J.). In civil cases the dispute is between the parties and the judge merely keeps the ring ..." (Lord Hewart, C. J.). Wigmore qualifiziert diese Auffassung als niveaulos und der historischen Entwicklung nicht entsprechend.[63] — Sie besteht unverändert fort.

2.3. Die Anordnung von Sachverständigenbeweis, Urkundenbeweis und Augenschein durch den Richter ex mero motu

Wie für die Zeugen gilt für die anderen Beweismittel: Die Beweisbeibringungslast der Parteien enthebt den Richter jeglicher Verpflichtung, die Sachverhaltsaufklärung durch die Berufung von Sachverständigen oder die Anordnung, Urkunden vorzulegen, von sich aus zu unterstützen. Die Parteien ermitteln, berufen bzw. legen vor. Und regelmäßig entscheiden Jury und Richter auf der von den Parteien geschaffenen Grundlage, ohne eigene, weitere Ermittlung betrieben zu haben. Im folgenden soll untersucht werden, ob der Richter de iure auf diese passive

---

[60] „If there be a person whom neither party to an action chooses to call as a witness, and the judge thinks that that person is able to elucidate the truth, the judge, in my opinion, is himself entitled to call him; ...", Coulson v. Disborough ⟨1894⟩ 2 Q.B. 316, 318 f.

[61] In Re Enoch and Zaretzky, Bock & Co., ⟨1910⟩ 1 K.B. 327, 331 f.

[62] Rex v. Harris, ⟨1927⟩ 2 K.B. 587, 590.

[63] Wigmore, Evidence, § 2484 Fn. 1.

Rolle beschränkt ist, oder ob er von sich aus Sachverständigenbeweis oder Urkundenvorlage anordnen könnte; es geht um die Grenzen seines rechtlichen Könnens.

2.3.1. Sachverständigenbeweis

Die Sachverständigen werden wie die Zeugen von den Parteien berufen, in der Hauptverhandlung werden sie jeweils für ‚ihre' Partei tätig. Aus dem Zwiespalt, einerseits von der Partei beauftragt und bezahlt zu werden, und andererseits geschworen zu haben, wahrheitsgemäß auszusagen, haben sich reichlich Konflikte und Probleme ergeben. Verbesserungsvorschläge wie die Einrichtung von offiziellen Sachverständigenjuries oder die Bestellung von Amtsgutachtern wurden diskutiert und verworfen.[64]

Der Richter ist dennoch auch nach der jetzigen Rechtslage nicht darauf beschränkt, die Parteien nur gewähren zu lassen. Eine gewisse Möglichkeit, auf die Sachverständigenbestellung einzuwirken, bietet dem Richter R. 16(4) Fed.R.Civ.P.[65] Er kann versuchen, bei der Beschränkung der Anzahl auch die Frage nach der Eignung der Sachverständigen anzuschneiden, dies setzt freilich die Kooperation der Parteien voraus.

Daneben verfügt der Richter, um möglicherweise parteiischen Sachverständigen entgegenwirken zu können, über eine althergebrachte,[66] wenn auch zu Zeiten nicht unumstrittene Befugnis: Ebenso wie Zeugen kann der Richter Sachverständige ex mero motu berufen. Dieses Recht wurde in die Federal Rules of Evidence aufgenommen und damit vom Gesetzgeber ausdrücklich bestätigt.[67]. Gemäß R. 706(a) Fed.R.Evid. haben die Parteien bei der Berufung von Sachverständigen durch den Richter gewisse Anhörungs- und Vorschlagsrechte, der Richter ist jedoch nicht daran gebunden und kann nach eigenem Ermessen entscheiden. — Die Sachverständigenberufung durch die Parteien wird im übrigen durch R. 706 Fed.R.Evid. nicht eingeschränkt.[68]

Das dem Richter zur Verfügung gestellte Instrumentarium blieb und bleibt weitgehend ungenutzt. Für die Zeit vor Inkrafttreten der Federal Rules of Evidence finden sich ganze zwei Court of Appeals-Entscheidun-

---

[64] Dazu Wigmore, Evidence, § 563.

[65] „... to consider ... (4) The limitation of the number of expert witnesses; ..."

[66] Mc Cormick, Evidence, § 9 (S. 14), „Another use of the power, ..., is to mediate the battle of partisan expert witnesses employed by the parties, through the judge's ancient power to call an expert of his own choosing, ..."; Wright & Miller, Federal Practice and Procedure: Civil §§ 2239 (S. 696), 2602 (S. 778 f.).

[67] R. 706 Fed.R.Evid.

[68] R. 706(d) Fed.R.Evid.

gen, beide Male wird eine Befugnis des Richters bejaht.[69] Auch danach hat sich nichts grundlegend verändert. Man kann sogar behaupten, daß die Sachverständigenberufung durch den Richter nicht nur wenig geübt, sondern auch ebensowenig als überhaupt rechtlich möglich bekannt ist. 1977 wies ein Court of Appeals mit Nachdruck auf die entsprechende Regelung in den Federal Rules of Evidence hin, um weiteren diesbezüglichen Zweifeln vorzubeugen.[70]

Aus den begleitenden Anmerkungen des Advisory Committee[71] wird deutlich, daß man von einer seltenen tatsächlichen Inanspruchnahme der R. 706 Fed.R.Evid. ausging. Bezweckt wird eher ein ‚cave canem'. Parteien und Sachverständige sollen immer vor Augen haben, daß ihnen der Richter nicht als ein ‚zahnloser' Hüter des Verfahrens auf Gedeih und Verderb ausgeliefert ist, sondern die Aussagen der von ihnen bestellten Sachverständigen durch die Berufung eines eigenen kontrollieren kann. Allein diese Möglichkeit soll so drohend wirken, daß sich die Sachverständigen davor scheuen, die gebotene Objektivität zu weit links liegen zu lassen. Angesichts der geringen Neigung der Richter, die ihnen eingeräumte Befugnis auch tatsächlich auszuüben, erscheint mir die beabsichtigte Wirkung zweifelhaft. Der ‚adversary spirit' der Anwälte kann wohl eher durch Anschauungen in der Praxis als durch eine weithin unbekannt oder unbeachtete Vorschrift gelenkt werden.

Recht illustrativ, weil die gesamte Problematik erhellend, ist ein Fall, in dem ein Court of Appeals dem District Court Judge bei der Zurückverweisung des Ersturteils sehr nahegelegt hatte, einen neutralen eigenen Sachverständigen zu berufen:[72] Die Fluggesellschaft Eastern Airlines hatte die Firma Mc Donnell Douglas wegen der verspäteten Auslieferung von 90 Flugzeugen auf Schadensersatz verklagt. Die Sachverständigen der Parteien konfrontierten die Jury mit Schadensberechnungen, die um 24,5 Millionen US $ auseinanderlagen; jeweils wurde das ‚eigene Lager' bestätigt. Bei diesem Stand der Dinge versprach sich der Court of Appeals von einem Gerichtssachverständigen mehr Objektivität, und zwar sowohl durch dessen eigene Ermittlungen wie durch die schiere Anwesenheit: „Indeed, the mere presence of a neutral expert ⟨sic!⟩ may have . . . a great tranquilizing effect on the experts retained by Eastern and Mc Donnell."

[69] Danville Tobacco Ass'n, Inc. v. Bryant Bruckner Associates, Inc., 333 F.2d 202 (1964); Scott v. Spanjer Bros., Inc., 298 F.2d 928 (1962).

[70] Fugitt v. Jones, 549 F.2d 1001, 1006 (1977); bestätigend zitiert in Gates v. United States, 707 F.2d 1141, 1144 (1983).

[71] Notes af Advisory Committee on Proposed Rules, R. 706 Fed.R.Evid.

[72] Eastern Airlines, Inc. v. Mc Donnell Douglas Corp., 532 F.2d 957, 1000 (1976).

2.3.2. *Urkundenbeweis*

Die beweisnotwendigen Urkunden werden von den Parteien in der discovery ermittelt und in der Hauptverhandlung vorgelegt, ergänzt unter Umständen durch Zeugenaussagen.

Der Richter bemüht sich in der Regel von sich aus nicht um die Vorlage von Urkunden. Eine positive Regelung enthalten weder die Federal Rules of Civil Procedure noch die Federal Rules of Evidence. ‚Case law' findet sich kaum. Aus den wenigen Fundstellen ergibt sich, daß die Anordnung der Urkundenvorlage von Gerichts wegen nicht ausgeschlossen, aber sehr selten und nur in außergewöhnlichen Fällen angebracht ist.[73]

2.3.3. *Augenschein*

In den Federal Rules findet sich keine Vorschrift über den Augenschein. Aber auch unabhängig von einer expliziten Regelung wird dem Richter das Recht eingeräumt, die Augenscheinseinnahme durch die Jury oder sich selbst anzuordnen — je nachdem, wer über die Tatsachen zu entscheiden hat.[74]

In der Regel werden die Parteien den Richter ersuchen, eine Augenscheinseinnahme anzuordnen. Analog zu seiner Befugnis bei den anderen Beweismitteln dürfte der Richter jedoch auch ohne Parteiantrag ein entsprechendes Recht haben.[75] Voraussetzung wäre lediglich, daß er die Parteien von seinem Vorhaben informierte und sie an der Augenscheinseinnahme teilnehmen ließe.[76] Entscheidungen zu Anordnungen ex mero motu finden sich nicht.

3. Die Befugnis des Richters, durch Hinweise auf die Verfahrensführung der Parteien einzuwirken

Dem Richter steht neben den direkten Einwirkungsmöglichkeiten auf das Verfahren, die im Vorstehenden dargelegt wurden, auch die Befugnis zu, auf die Verfahrensführung der Parteien durch Anregungen und

---

[73] Douglas v. Brown, 358 F.2d 711, 713 (1966), „We do not question but that under proper circumstances, the court may offer its own exhibits."; Conry v. Baltimore & O. R. Co., 209 F.2d 422, 426 (1953), „In any effort to clarify the corporate picture he had, on his own motion, brought into court a report of appellant." (Zulässig, da die so gewonnene Information auch durch den Beklagten hätte erzielt werden können.)

[74] Olsen v. North Pacific Lumber Co., 106 F. 298, 300—303 (1901); Fritzpatrick v. Sooner Oil Co., 212 F.2d 548 (1954); Wigmore, Evidence, §§ 1169; Mc Cormick, Evidence, § 216.

[75] United States ex Rel. Wilson v. Coughlin, 472 F.2d 100, 104 (1973).

[76] Wigmore, Evidence, §§ 1169, 2484; United States v. Wallis, 443 F.2d 1220, 1222 f. (1971).

Anmerkungen einzuwirken. Er wird dies zwar nicht regelmäßig tun, da die Gestaltung der Hauptverhandlung ja grundsätzlich den Parteien obliegt, andererseits soll er am Rechtsstreit über die Funktion eines Rechtsorakels hinaus beteiligt sein.[77]

Um die Jury vor Fehlbeurteilungen oder Voreingenommenheit gegenüber einem Anwalt zu bewahren, sollte der Richter zumindest für ausführlichere Erörterungen die Parteien an die Richterbank oder in sein Arbeitszimmer rufen. Die richterlichen Hinweise können sich auf die verschiedensten Verfahrensaspekte beziehen, so z. B.

— die allgemeine Gestaltung (eines Teils) der Hauptverhandlung;[78]
— die Befragung einzelner Zeugen;[79]
— die Erinnerung, ein Beweismittel auch formal als solches einzuführen;[80]
— die Ansicht des Gerichts zur Rechtslage, um das für die Entscheidung Beweiserhebliche zu verdeutlichen;[81] und schließlich
— Andeutungen, daß das Gericht die Position des Klägers/Beklagten für wenig beeindruckend halte.[82]

Der Maßstab für die Zulässigkeit richterlicher Hinweise ist der gleiche wie bei der Zeugenbefragung: Der Richter muß unparteiisch und unabhängig bleiben, er darf nicht seine Robe abstreifen und zum Anwalt für ein Partei werden.[83]

4. Richter und Jury — Der Umfang der richterlichen Ausführungen über Beweismittel und Rechtslage

Die Anwälte konzentrieren sich in ihrer Beweisdarstellung und den Plädoyers auf die Jury, denn sie hat über die Tatsachen zu entscheiden. Der Richter hat darauf zu achten, daß keine der Parteien unlauter auf die Jury einzuwirken versucht, daher auch die Vorstellung vom Schiedsrichter in einem Wettkampf. In den Federal District Courts hat es aber damit nicht sein Bewenden. Um das starke Gewicht der Parteien auszubalancieren, ist dem Richter das Recht eingeräumt, die vorgelegten Beweise sowohl eventuell einzeln kommentieren wie vor allem in der

77 Siehe oben 3. Abschn. 2.1. Fn. 24.

78 Manchack v. S/S Overseas Progress, 524 F.2d 918 f. (1975); Curd v. Todd-Johnson Dry Docks, 213 F.2d 864, 866 (1954).

79 Security State Bank v. Baty, 439 F.2d 910, 913 (1971); Jackson v. United States, 329 F.2d 893, 894 (1964) ⟨criminal⟩.

80 United States v. Wofford, 562 F.2d 582, 586 (1977) ⟨criminal⟩.

81 Railer Corp. v. Joseph Gun & Sons, Inc., 382 F.2d 179, 182 Fn. 4 (1967).

82 Kimmel v. Campbell, 161 F.2d 378, 379 (1947).

83 Das in den vorstehend aufgeführten Entscheidungen stets genannten Kriterium.

abschließenden Jurybelehrung (charge) neben der Erläuterung der Rechtslage zusammenzufassen und würdigen zu dürfen.

Diese dem Federal District Court Judge zustehende Befugnis geht auf eine alte englische Tradition zurück.[84] In den USA war und ist sie noch heftig umstritten,[85] in vielen Gliedstaaten wird sie den Richtern der State Courts nicht zugebilligt.[86] Den Federal Courts hingegen wurde sie vom Supreme Court immer wieder bestätigt.[87]

Der ‚leading case' zur Kommentierungsbefugnis des Richters ist ‚Quercia v. United States'.[88] Dieser Entscheidung des Supreme Court lag ein Strafprozeß zugrunde, sie gilt jedoch gleichermaßen für Zivilverfahren. Ehe ich mich den in ‚Quercia' aufgestellten Grundsätzen zuwende, möchte ich es nicht versäumen, ein paar Worte über den Ausgangspunkt des Falls zu verlieren. Denn diese berühmte Entscheidung entstand aus einer recht kauzigen Belehrung, im Wortlaut wie folgt: „And now I am going to tell you what I think of the defendant's testimony. You may have noticed, Mr. Foreman and gentlemen, that he wiped his hands during his testimony. It is a rather curious thing, but that is almost always an indication of lying. Why it should be so we don't know, but that is the fact. I think that every single word that man said, except when he agreed with the Government's testimony, was a lie."[89] Zurück zu den tragenden Gründen.

Der Richter hat die Befugnis, sich gegenüber der Jury zu den Beweismitteln zu äußern. Er ist dabei nicht an abstrakte Ausführungen eher grundsätzlicher Art gebunden, sondern er darf die Jury durch konkrete Erläuterungen und Hinweise darauf, was er für entscheidungserheblich hält, bei der Findung des verdict unterstützen. Der Richter muß bei seiner Erörterung der Beweislage jedoch sehr deutlich herausstellen, daß seine Meinung für die Jury nicht bindend ist, sondern diese ihre Entscheidung selbst finden muß, unabhängig von und vielleicht auch gegen ihn.

Diese Befugnis unterliegt verschiedenen weiteren Einschränkungen. Angesichts der Tatsache, daß der Richter auf die Jury einen großen Einfluß auszuüben vermag, muß er sich in der Art und Weise seiner Dar-

---

[84] Wigmore, Evidence, § 2551

[85] Eine entsprechende Befugnis war zunächst als R. 105 in den Entwurf der Federal Rules of Evidence aufgenommen worden, war aber im Congress dann derartig umstritten, daß man sie wieder strich und es beim ‚case law' beließ.

[86] Myers v. George, 271 F.2d 168, 172 (1959); Wigmore (Fn. 84).

[87] Vicksburg & Meridian, R. R. Co. v. Putnam, 118 U.S. 545, 553 (1886); Capital Traction Co. v. Hof, 174 U.S. 1, 13—14 (1899).

[88] Quercia v. United States, 289 U.S. 466 (1932).

[89] Ebd., S. 468.

stellung von absoluter Unparteilichkeit leiten lassen, er darf nicht zum Anwalt einer Partei werden. Des weiteren kann er die vorgelegten Beweismittel zwar analysieren und auf ihren Kerngehalt hin untersuchen, er darf jedoch weder Beweise ‚unterschlagen' noch, sich selbst quasi als Zeugen einführend, etwas hinzufügen. Einige Courts of Appeals haben darüber hinaus die Kommentierungsbefugnis dahingehend eingeschränkt, daß sich der Richter nicht zu ‚ultimate issues' äußern darf,[90] d. h., er kann das Entscheidungserhebliche herausarbeiten, aber nicht den Kernpunkt des Rechtsstreits vorweg auflösen.

‚Quercia' hatte die schon lange zuvor bestehende Auffassung in inzwischen klassische Sätze gefaßt, so daß später ein Court of Appeals bei einer Entscheidung in gleicher Sache fast bedauernd feststellen mußte: „What we are saying is in no sense novel or original. The wine we pour is from old bottles indeed. We deal with maxims of the law, with truismus distilled in countless cases by unnumbered judicial forbears long since dust. But the principle is of continuing validity and vitality."[91] Die Befugnis des Richters auf einen Satz gebracht: Er darf die Beweismittel gegenüber der Jury kommentieren, solange dadurch bei der Jury keine Vorurteile oder Fehleinschätzungen entstehen.

Die Erläuterung der Rechtslage muß sich an dem orientieren, was an Tatsächlichem vorgetragen worden ist. Da Tatsachenvortrag und Rechtsgrundlage einander bedingen, folgt der Richter in rechtlicher Hinsicht in der Regel den Vorstellungen der Parteien. Die Parteien geben dem Richter vor der ‚charge' Vorlagen für die ‚instruction', die auch die erwünschten Rechtserläuterungen enthalten. Nur in Fällen, in denen die Beweislage geradezu nach abweichenden Rechtsausführungen ‚schreit' und die Beibehaltung der instruction zu einem offensichtlichen Irrtum führen würde, muß der Richter eigenständig aufklären.[92] Und nur dann darf er auch eigene Überlegungen zu den Rechtsgrundlagen (theories) einbringen.[93] Dieser Fall wird wohl selten eintreten. Denn schon in der pretrial-Phase und auch noch in der Hauptverhandlung — Besprechung an der ‚bench' oder in ‚chambers' — würde ein Richter auf eventuelle Divergenzen hinweisen, ehe er zu einem ‚Alleingang' in der Jury-Belehrung ansetzt.

---

[90] Evans v. Wright, 505 F.2d 287, 292 (1974); Travelers Insurance Co. v. Ryan, 416 F.2d 362, 364 (1969); Nunley v. Pettway Oil Co., 346 F.2d 95, 99 (1965).

[91] Travelers Insurance (Fn. 90) S. 34.

[92] Cincinato v. Mc Pheeters, 542 F.2d 634, 636 (1976).

[93] Ah Lou Koa v. American Export Isbrandten Lines, Inc., 513 F.2d 261, 263 (1975).

5. Die Befugnisse des Richters in einer Hauptverhandlung ohne Jury

Die Ausführungen zu den Befugnissen des Richters im ‚jury trial' gelten in den wesentlichen Zügen auch für eine Hauptverhandlung ohne Jury. Es sind Akzentverschiebungen in der Rolle des Richters, auf die im folgenden einzugehen sein wird.

Manches ist offensichtlich und bedarf keiner größeren Erläuterung. Als Entscheidungsorgan über Tatsachen und Recht braucht sich der Richter nicht an den Erfordernissen einer Jury zu orientieren, so entfällt für ihn die Vorsicht, nicht in den Aufgabenbereich der Jury überzugreifen, ebenso wie die Pflicht, die Jury anzuleiten und zu belehren. Auf der anderen Seite verlieren die Anwälte einen nicht unbeliebten Revisionsgrund in Jury-Verfahren, nämlich die Behauptung unzulässiger Einflußnahme des Richters auf die Jury.

Gegenüber dem jury trial verschieben sich die Aufgaben des Richters vor allem bei der Tatsachenaufklärung. Da keine Jury Fehlschlüsse aus einer richterlichen Beteiligung an der Beweisaufnahme ziehen kann, darf der Richter eine aktivere und kritischere Rolle spielen.[94] Er muß wohl allzeit die gebotene Neutralität wahren, was aber nicht heißt, daß der Richter nur die Funktion eines nahezu unbeteiligten Zuschauers einnehmen soll, der lediglich auf Anträge der Parteien mit ‚stattgegeben' (sustained) oder ‚abgelehnt' (overruled) zu antworten hat.[95] Schließlich hat er die Pflicht, im Urteil den Beweiswert der einzelnen Beweismittel — vor allem der Zeugenaussagen — zu würdigen. Deshalb braucht sich der Richter auch nicht mit oberflächlichen Antworten von Zeugen zufrieden zu geben, sondern darf mit einer gewissen Eindringlichkeit nach den wahren Gründen und Motiven forschen.[96] Dabei ist er nicht nur auf die Klarstellung dessen, was schon gesagt worden ist, beschränkt, sondern er kann sich auch nach noch nicht erwähnten Tatumständen erkundigen.[97] Der Richter hat ein weiteres Ermessen[98] bei der Begründung dessen, was tatsächlich gewesen ist, und zwar nicht nur auf die Zeugenbefragung, wegen der sich in non-jury-Verhandlungen selten eine richterliche Befangenheit ergeben wird,[99] sondern auch auf die Sachverhaltsermittlung allgemein bezogen.[100] Seine Verantwortung für die Verfahrensgestaltung steigt mit der Komplexität des Rechtsstreits.[101]

---

[94] United States ex Rel. Wilson v. Coughlin, 472 F.2d 100, 104 (1973).

[95] Ruiz v. Estelle, 679 F.2d 1115, 1129 (1982).

[96] In Re International Business Machines Corp., 618 F.2d 923, 930 f. (1980).

[97] Ruiz (Fn. 95).

[98] Bertolino v. Italian Line, 414 F.Supp. 279, 286 (1976); Palmentere v. Campbell, 344 F.2d 234 (1965); Guthrie v. Curlett, 36 F.2d 694, 676 (1929).

[99] United States v. Kidding, 560 F.2d 1303, 1314 (1977) ⟨criminal⟩.

Wie im jury trial wird die Hauptverhandlung auch hier grundsätzlich durch die Anwälte betrieben. Zeigt sich allerdings im Lauf der Verhandlung, daß die Anwälte mit verfahrenstechnischen Dingen Schwierigkeiten haben, z. B. die Regeln einer ordnungsgemäßen Zeugenbefragung verletzen, dann kann der Richter sowohl das entsprechende Verhalten monieren wie aber auch anstelle der Anwälte handeln, ihnen vormachen, wie's geht. Ein solches Verfahren läßt die Anwälte ein wenig wie dumme Jungen ausschauen und wäre in der Anwesenheit einer Jury wohl nicht zulässig. Bei einer Hauptverhandlung mit dem Richter allein ist ein derartiges Vorgehen jedoch denkbar, weil dadurch keine Gefahr der Befangenheit begründet wird und der Richter nur einen zeitraubenden Umweg über die ihre Fehler selbst ausbessernden Anwälte vermieden hat.[102]

Im Regelfall wird es der Richter dabei belassen, die Anwälte auf Mängel bei der Verfahrensführung hinzuweisen. Seine Verfahrensleitungsbefugnisse umfassen aber das Recht, auch selbst korrigierend eingreifen zu können. Für die Revisionsrüge, es sei kein faires Verfahren gewährt worden, müssen offensichtliche und schwerwiegende Beeinträchtigungen der Anwälte dargelegt werden.

Vergleicht man jury- und non jury trial, dann bleibt festzuhalten, daß der Verfahrensablauf im großen und ganzen zwar gleich ist, der Richter als allein Entscheidender aber weniger zurückhaltend sein braucht und eher in die Verhandlung eingreifen kann.

---

100 United States v. Articles of Devise, consisting of KOF Diatherapunkteur . . ., 481 F.2d 434, 43 (1973); Bank of Utah v. Commercial Security Bank, 369 F.2d 19, 28 (1966).

101 Ruiz (Fn. 95) S. 1130.

102 Ebd., S. 1131.

Nachwort

Auf den ersten Blick wirkt der amerikanische Zivilprozeß fremd für einen deutschen Juristen, so sehr wie für einen amerikanischen Juristen der kontinental-europäische (Amerikaner denken großräumiger). Das Bild vom Schiedsrichter, der über dem Wettkampf der Parteien steht und nur auf die Einhaltung der Spielregeln achtet, kann bei der Darstellung des amerikanischen Zivilprozesses nicht weggedacht werden. Aber es gibt nur einen Teil der tatsächlichen Rolle des Federal District Court Judge wieder. Es hat sich im Lauf dieser Untersuchung gezeigt, daß dem Richter gegenüber den Parteien sehr robuste Mitwirkungsbefugnisse bei der Aufklärung des Sachverhalts zustehen, zu einer eigenständigen rechtlichen Prüfung ist er ohnehin verpflichtet. Darüber hinaus ist er nicht darauf beschränkt, die Parteien in der Führung des Prozesses einfach gewähren zu lassen, die Aufsicht über das Verfahren beinhaltet das Recht, korrigierend eingreifen zu können, wenn nötig.

Die Ziele des Zivilverfahrens sind hüben wie drüben die gleichen: Festzustellen, wie es wirklich gewesen ist, und darauf fußend den Kontrahenten (nicht nur formal) Recht zu gewähren. Die Wege dahin sind unterschiedlich, wenn auch weit weniger voneinander abweichend, als man nach manchen Ausführungen, die in der Einleitung zitiert wurden, glauben konnte.

Bei meinen Prozeßbeobachtungen in einigen District Courts konnte ich im übrigen feststellen, daß die Federal Rules einen weiten Rahmen bilden, den der Richter vielfach mit seinen persönlichen Vorstellungen ausfüllen kann. Das ihm zugestandene Ermessen bei der Verfahrensgestaltung ist enorm. Daraus folgt auch eine gewissen Vorsicht, uneingeschränkt allgemeingültige Ausführungen zu machen.

Literaturverzeichnis

Aumann: The Changing American Legal System, New York 1969

Bator / Mishkin / Shapiro / Wechsler: The Federal Courts and the Federal System, 2.ed., St. Paul 1973

Brennan: Introduction to the Problem of the Protracted Case, 23 F.R.D. 319, 376 (1959)

British Section of the International Commission of Jurists: A Justice Report, Going to Law, A Critique of English Civil Procedure, London 1974

Cappelletti / Tallon: Fundamental Guarantees of the Parties in Civil Litigation, Milano 1973

Carter: Effective Calendar Control, Objectives and Methods, 29 F.R.D. 191, 227 (1962)

Chayes: The Role of the Judge in Public Law Litigation, 89 Harv.L.Rev. 1281 (1976)

Clark: To an Understanding Use of Pre-Trial, 29 F.R.D. 191, 455 (1962)

Cohn: Der englische Gerichtstag, Arbeitsgemeinschaft für Forschung des Landes NRW, Heft 56, Köln 1956

Damaska: Presentation of Evidence and Factfinding Precision, 123 U.Pa.L. Rev. 1083 (1975)

Devitt: Ten Commandments for the New Judge, 82 F.R.D. 209 (1980)

Estes: Discovery, 29 F.R.D. 191, 280 (1962).

Farnsworth: An Introduction to the Legal System of the United States, New York 1963

Fox: Settlement, Helping the Lawyers to Fulfill their Responsibility, 53 F.R.D. 129 (1972)

Frank: Courts on Trial, Princeton 1950

Frankel: The Adversary Judge, 54 Texas L.Rev. 465 (1976)

— From Private Fights towards Public Justice, 51 N.Y.U.L.Rev. 516 (1976)

— The Search for Truth, An Umpireal View, 123 U.Pa.L.Rev. 1031 (1975)

Green: Basic Civil Procedure, 2.ed., Mineola, New York 1979
(zit.: Civil Procedure)

Hooper: Calendar and Docket Control in Single Judge Systems, 50 F.R.D. 319, 353 (1971)

Jacob: Access to Justice in England, A World Survey, Cappelletti & Garth, Milano 1978
(zit.: Access to Justice in England)

— Civil Procedure since 1800, in ‚Then and Now 1799—1974‘, London 1974
(zit.: Civil Procedure since 1800)

James & Hazard: Civil Procedure, 2.ed., Boston 1977

Kaplan / von Mehren / Schaefer: Phases of German Civil Procedure, I + II, 71 Harv.L.Rev. 1193, 1443 (1958)

Karlen: Civil Litigation, Indianapolis, New York, Charlottesville 1978

Kaufman: Judicial Responsibility for Calendar Control, 28 F.R.D. 37, 63 (1962)

— Masters in the Federal Courts: Rule 53, 58 Col.L.Rev. 452 (1958)

— The Philosophy of Effective Judicial Supervision over Litigation, 29 F.R.D. 191, 207 (1962)

King: Management of Civil Case Flow from Filing to Disposition, 75 F.R.D. 89, 155 (1978)

Kötz: The Reform of the Adversary Process, 48 U.Chi.L.Rev. 478 (1981)

Laws: Pre-Trial Procedure, 1 F.R.D. 397 (1940)

Markus: A Theory of Trial Advocacy, 56 Tulane L.Rev. 95 (1981)

Marovitz: Calendar Control, Civil and Criminal, 68 F.R.D. 251 (1976)

McCormick: Handbook of the Law of Evidence, Second Edition by Cleary, St. Paul 1972
(zit.: Evidence)

Mermin: Law and the Legal System — An Introduction, Boston 1974
(zit.: Law and the Legal System)

Millar, R. W.: Civil Procedure of the Trial Court in Historical Perspective, New York 1952
(zit.: Civil Procedure of the Trial Court)

Murrah: Pretrial Procedure, A Statement of Its Essentials, 14 F.R.D. 417 (1954)

— The Pretrial Conference; Conceptions and Misconceptions, 44 ABAJ 39 (1958)

Note: Article III Constraints and the Expanding Civil Jurisdiction of Federal Magistrates: A Dissenting View, 88 Yale L.J. 1023 (1979)

— The Assignment of Cases to Federal District Court Judges, 27 Stan.L.Rev. 475 (1975)

— Pretrial Conference: A Critical Examination of Local Rules Adopted by Federal District Courts, 64 Va.L.Rev. 467 (1978)

Peckham: The Federal Judge as a Case Manager: The New Role in Guiding a Case from Filing to Disposition, 69 Cal.L.Rev. 770 (1981)

Pollack: Cutting the Fat from Pretrial Proceedings, 97 F.R.D. 319 (1983)
(zit.: Cutting the Fat)

— Discovery, Its Abuse and Correction, 80 F.R.D. 219 (1979)

— Pretrial Procedures more Effectively Handled, 65 F.R.D. 475 (1975)

Pound: The Causes of Popular Dissatisfaction with the Administration of Justice, Nachdruck in 35 F.R.D. 241, 373 (1964)

Resnik: Managerial Judges, 96 Harv.L.Rev. 374 (1982)

Rosenberg: The Pretrial Conference and Effective Justice, New York 1964
(zit.: Pretrial Conference)

Saltzburg: The Unnecessarily Expanding Role of the American Trial Judge, 64 Virg.L.Rev. 1 (1978)

Schwarzer: Managing Civil Litigation: The Trial Judge's Role, 61 Judicature 400

Scurlock: Actual Pretrial Experience of the Attorney, 29 F.R.D. 191, 323 (1962)

Sherman / Kinnard: Federal Court Discovery in the 80's — Making the Rules Work, 95 F.R.D. 245 (1983)

Silberman: Masters and Magistrates, I + II, 50 N.Y.U.L.Rev. 1070, 1297 (1975)

Smith, W. F.: Pretrial Conference — A Study of Methods, 29 F.R.D. 191, 348 (1962)

Solomon: Techniques for Shortening Trials, 65 F.R.D. 485 (1975)

Sunderland: The Theory and Practice of Pre-Trial Procedure, 36 Mich.L.Rev. 215 (1937)

Taruffo: Il Processo Civile ‚Adversary' Nell' Esperienza Americana, Padova 1979
(zit.: Processo Civile ‚Adversary')

Thibaut / Walker / La Four / Houlken: Procedural Justice as Fairness, 26 Stan.L.Rev. 1271 (1974)

Thibaut / Walker / Lind: Adversary Presentation and Bias in Legal Decision-making, 86 Harv.L.Rev. 386 (1972)

Tullock: Trials on Trial, New York 1980

Uviller: The Advocate, The Truth, and Judicial Hackles: A Reaction to Judge Frankel's Idea, 123 U.Pa.L.Rev. 1067 (1975)

Weinstein: Reform of Court Rule-Making Procedures, Columbus 1977

Wigmore: Evidence in Trials at Common Law, Revised by Chadbourn, Boston 1970—1981
(zit.: Evidence)

Will: Judicial Responsibility for the Disposition of Litigation, 75 F.R.D. 89, 117 (1978)

Will / Merhige / Rubin: The Role of the Judge in the Settlement Process, 75 F.R.D. 89, 203 (1978)

Wright: The Pretrial Conference, 28 F.R.D. 141 (1962)

Wright & Miller: Federal Practice and Procedure, St. Paul 1970

Wyzanski: A Trial Judge's Freedom and Responsibility, 65 Harv.L.Rev. 1281 (1952)

— An Activist Judge: Mea Maxima Culpa. Apologia Pro Vita Mea, 7 Ga.L. Rev. 202 (1973)

Entscheidungsverzeichnis

Ah Lou Koa v. American Export Isbrandten Lines, Inc.
Air Transport Ass'n v. Professional Air Traffic Contr. Org.
American Home Assur. Co. v. Cessna Aircraft Co.
Anderson v. Great Lakes Dredge & Dock Co.
Anderson v. Louisiana & Arkansas Railway Co.
Associated Beverages v. Ballantine & Sons
Autera v. Robinson
Bank of Utah v. Commercial Security Bank
Beetler v. Sales Affiliates, Inc.
Berger v. Brannan
Bertolino v. Italian Line
Blanken v. Bechtel Properties Corp.
Buffington v. Wood
Burdis v. Texas Pacific Ry Co.
Burton v. Weyershaeuser Timber Co.
Capital Traction Co. v. Hof
Carlock v. National Co-Operative Refinery Association
Central Distributers, Inc. v. M.E.T., Inc.
Century Refining Company v. Hall
Chalmette Petroleum Corp. v. Chalmette Oil Dis. Co.
Cherney v. Holmes
Cincinato v. Mc Pheeters
Cities Service Oil Comp. v. Colaman Oil Comp., Inc.
Clarion Corp. v. American Home Products Corp.
Clark v. Pennsylvania R.R. Comp.
Clay v. Callaway
Colgrove v. Battin
Conry v. Baltimore & O.R. Co.
Coulson v. Disborough
Crandell v. United States
Crove v. Di Manno
Curd v. Todd-Johnson Dry Docks
Dalrymple v. Pittsburgh Consolidation Coal Co.

Danville Tobacco Ass'n, Inc. v. Bryant Bruckner Associates, Inc.
De Laval Turbine, Inc. v. West India Industries, Inc.
Delta Theatres Inc. v. Paramount Pictures, Inc.
Dinsel v. Pennsylvania R.R. Comp.
Douglas v. Brown
Eastern Airlines, Inc. v. Mc Donnell Douglas Corp.
E.E.O.C. v. Federal Reserve Bank of Richmond
Elder-Beerman Stores Corp. v. Federated Dept. Stores, Inc.
Ely v. Reading Company
Evans v. Wright
Excel Handbag Co. v. Edison Bros. Stores
Federal Deposit Insurance Comp. v. Glickman
First Iowa Hydro Elec. Coop. v. Iowa Illinois Gas & Co.
First Wisc. Nat. Bank of Rice Lake v. Klapmeier
Fitzpatrick v. Sooner Oil Co.
Frozen Food Express, Inc. v. United States
Fugitt v. Jones
Funding Systems Leasing Corp. v. Pugh
Gates v. United States
Gibson v. Erie-Lackawanna R.R. Co.
Groce v. Seder
Guthrie v. Curlett
H.B. Zachary Co. v. United States
Hart v. Community School Bd. of Brooklyn
Hayden v. Chalfant Press, Inc.
Heron v. Heron
Hickman v. Taylor
Hite v. Western Maryland Railway Co.
Hodgson v. Humphries
Holcomb v. Aetna Life Insurance Comp.
Hooper v. Guthrie
Howard v. Kerr Glass Mfg. Co.
Identiseal Corp. v. Positive Identification
In Re Enoch and Zaretzky, Bock & Co.
In Re International Business Machines Corp.
Ind. Dev. Bd. of Tn. of Section, Ala v. Fuqua Indus.
International Business Machines Corp. v. Edelstein
Irving Trust Company v. United States
J. F. Edwards Const. Co. v. Anderson Safeway, etc.

Jackson v. United States
Jeffries v. United States
Jiffy Foods Corp. v. Hartford Accident and Indemnity
Joiner Systems, Inc. v. AVM Corporation, Inc.
Jones v. Nabisco, Inc.
Junious v. Food Transport, Inc.
Kettenbach v. United States
Knapp v. Kinsey
Kolman v. Jacoby
La Barge Water Well Supply Company v. United States
La Buy v. Howes Leather Co.
Laird v. Air Carrier Engine Service
Life Music, Inc. v. Broadcast Music, Inc.
Life Music, Inc. v. Edelstein
Link v. Wabash R. R. Co.
Lynn v. Call
Lynn v. Smith
Manbeck v. Ostrowski
Manchack v. S/S Overseas Progress
Mc Cargo v. Hedrick
Meadow Gold Products Co. v. Wright
Michael v. Clark Equipment Comp.
Mitchell v. Johnson
Moore v. Strong
Myers v. George
Newman v. Granger
Nordmann v. National Hotel Company
Nunley v. Pettway Oil Co.
Olsen v. North Pacific Lumber Co.
Pacific Idemnity Company v. Broward County
Padovani v. Bruchhausen
Palmentere v. Campbell
Pariser v. City of New York
Patterson v. United States
Payne v. S. S. Nabob
Peter Eckrich and Sons, Inc. v. Selected Meat Co.
Pifcho v. Brewer
Pollard v. Fennell
Quercia v. United States

Railer Corp. v. Joseph Gun & Sons Inc.
Rasmussen Drilling v. Kerr Mc Gee Nuclear Corp.
Reserve Mining Co. v. Lord
Rex v. Harris
Reyes v. Wyeth Laboratories
Reynolds Metals Co. v. Metals Disintegrating Co.
Roberts v. Ross
Rudd v. United States
Ruiz v. Estelle
Russell v. Monongahela Railway Company
Schultz v. Cally
Scott v. Spanjer Bros., Inc.
Security State Bank v. Baty
Shuber v. S. S. Kresge Company
Sill Corp. v. United States
Simpson v. Union Oil Comp. of California
Sleek v. J. C. Penney Co.
Smith, Kirkpatrick & Co. v. Continental Autos, Ltd.
Smith v. Welch
Stuckey v. Andrews
Syracuse Broadcasting Corp. v. Newhouse
Titus v. Mercedes Benz of North America
Travelers Insurance Co. v. Ryan
United States ex Rel. Wilson v. Coughlin
United States v. Articles of Device, consisting of KOF Diatherapunkteur . .
United States v. Hougham
United States v. International Business Machines Corp.
United States v. Kidding
United States v. Wallis
United States v. Wofford
Van Bronkhorst v. Safeco Corp.
Vicksburg & Meridian R. R. Co. v. Putnam
Video Components, Inc. v. Laird Telemedia, Inc.
Wilkerson v. Mc Carthy
Williams v. Estelle
Wirtz v. Young Electric Sign Comp.